전국 김밥 일주

죽기 전에 꼭 먹어봐야 할
김밥 맛집 136

정다현(김밥큐레이터) 지음

"방방곡곡
진짜 맛있는 곳만 찍었다!"

가디언

프롤로그

"김밥 하나에 인생을 걸기로 했습니다"

어린 시절, 집안 사정이 좋지 않았던 탓에 비싼 외식은 꿈꿀 수도 없었던 저는 집 앞 골목에 있는 김밥가게에서 '김밥' 하나만큼은 자유롭게 먹을 수 있었습니다. 그때 당시의 김밥은 지금처럼 다양한 재료를 넣은 김밥도 아니었고, 햄과 오이, 어묵, 달걀, 단무지가 들어가는 단순한 김밥이었어요. 그래도 할머니가 즉석에서 말아주시는 따끈한 김밥은 늘 혼자 밥을 챙겨 먹어야 했던 저에게 든든한 한 끼가 되어주었습니다. 그때의 추억으로, 전국김밥일주를 본격적으로 하기 전에도 편의점 김밥, 프랜차이즈 김밥 등으로 주에 서너 번은 김밥을 사 먹었던 것 같아요.

그렇게 여러 해가 흘러 제가 직장을 다니고 있던 때였습니다. 갑자기 팀장님이 저를 부르시더라고요.

"다현아, 혹시 이야기 들었니?"
"아니요?"
"이번에 회사가 어려워지면서, 네가 인사발령 대상자가 되었어."

코로나로 회사가 어려워졌다는 건 알고 있었지만, 갑자기 인사발령이라니. 그때 당시 외식사업부 신사업 팀에서 마케팅 관련 일을 하고 있었는데, 현장 스태프로 발령이 났더라고요. 물론 그 일도 중요하고 누군가는 갔어야 하는 곳이지만, 갑작스러운 회사의 조치를 들으니 너무 놀랐습니다. 그때는, 제가 필요가 없어지면 꼈다 뺐다 하는 부품 같은 존재밖에 되지 않는다는 생각이 들었던 것 같아요. 5년 뒤에도, 10년 뒤에도 이렇게 회사의 뜻대로 묵묵히 일만 하며 제 남은 평생을 보내야 한다는 생각을 하니 너무 막막하더라고요. 이왕 이렇게 된 거, 내가 늘 꿈꿔왔던 좋아하는 일을 해보자며 그길로 사표를 냈습니다.

그런데 막상 사회 밖을 나오니 회사보다 더 혹독한 곳이란 걸 깨달았어요. 회사를 떠난 저는 아무것도 아닌 사람이더라고요. 좋아하는 일을 해보자며 나왔지만, 제가 좋아하는 게 무엇인지에 대해 한 번도 진지하게 생각하지 못했던 저였습니다. 이런 혼란스러운 상황에 제 친구들은 취업하려고 난린데 난 지금 뭐 하는 거지? 하는 불안한 생각도 들더라고요. 지금 생각해보면 그 선택으로 지금의 제가 있을 수 있었지만, 그때 당시에는 너무 힘들었어요. '난 앞으로 무얼 먹고 살지?'라는 숱한 고민으로 한 3개월간 방황했던 것 같습니다. 그러다 이대로 평생을 살 수는 없다고 생각해 백지에 제가 좋아하는 걸 빼곡히 적어 내려갔어요. 결국 그 모든 걸 관통하는 것이 음식이더라고요. 대학교 졸업 후 산에 가서 커피를 팔았을 때도, 전국을 다니며 육포를 팔았을 때도, 아무 연고도 없는 전주에 내려가 수제버거집을 창업했을 때도, F&B 대기업 마케터로 근무했을 때도 제가 지금까지 해온 경험들에는 모두 음식이라는 공통점이 있었습니다.

제가 처음부터 김밥에 집중한 것은 아니에요. 마케터로 근무했을 때 얻은

SNS 능력을 살려 처음에는 모든 먹거리를 대상으로 먹스타그램을 운영했습니다. 제가 먹스타그램을 운영했을 당시 먹음직스러운 사진이 대세였어요. 여기에 국어국문학과에서 4년간 배운 글솜씨를 더했습니다. 음식의 맛뿐만 아니라 재료, 가게의 분위기 등을 상세히 쓴 음식수필집 푸글(@foogeul)이라는 계정은 그렇게 탄생했습니다. 푸글은 빠르게 성장했어요, 1년 만에 팔로워 10만 명을 모았습니다. 하지만 늘어나는 팔로워 수와 비례해 제 근심은 깊어졌습니다. 맛집을 리뷰하는 유사계정들이 우후죽순 등장해 차별화가 어렵기도 했거니와 구독자들의 인기를 얻기 위해 유행하는 음식, 사람들한테 반응이 좋을 것 같은 비주얼이 있는 음식에 집중하다보니 음식을 리뷰하는 즐거움이 사라진 거예요. 좋아하는 것을 하려고 시작한 일인데 남의 시선을 신경 쓰고 있는 스스로에게 회의감이 들었습니다, 결국 다시 원점으로 돌아가 결국 내가 좋아하는 것에 집중했습니다. 그 많은 음식 중에서도 일주일에 서너 번은 꼭 먹는 것, 바로 김밥이더라고요. 그리고 김밥이라면, 제가 열정을 가지고 행복하게 뭐든 할 수 있겠다는 생각이 들었습니다.

사실 김밥은 대한민국에 살고 계신 분이라면 모르는 사람이 없을 거예요. 어린 시절 짭조름한 조미김에 쌀밥을 싸 먹었던 기억, 소풍 때마다 엄마가 자녀의 취향대로 재료를 넣어 고소하게 말아 싸주던 기억, 학교나 회사에서 간편하게 한 끼 때우기 위해 김밥 한 줄 사 먹던 기억 들은 우리 모두의 추억일 거라 생각합니다.

이렇게 대표적인 간편식이자 일상식으로 자리 잡은 김밥은 우리 삶의 일부분이 되었지만 한편으론, 어디서나 쉽게 접할 수 있는 음식이기에 저렴하게 혹은 간편하게 때우는 용으로 취급된 적이 많습니다. 사실 저조차도 이런 김밥에 모든 걸 걸고 살아가리라고는 상상조차 해본 적이 없거든요. 그런데 이렇게 흔하디흔한 김밥에 제 인생을 걸어보기로 결심한 이유는 하나예요. 내가 앞으로 평생 이뤄갈 꿈인데, 이왕이면 내가 가장 좋아하는 걸 해보자고 생각했습니다. 2년 전 MBC 〈아무튼출근〉이란 방송에서 이슬아 작가가 나와 이런 말을 했습니다. 좋아하는 일도 업으로 삼으면 번뇌가 온다고요. 하지만 좋아하는 일이기에 다른 일보다는 덜 괴롭게, 즐겁게 할 수 있는 것 같다고요. 평생 해도 덜 괴로울, 평생을 즐겁게 먹을 수 있는 김밥에 저는 그렇게 인생을 걸게 되었습니다.

김밥에 인생을 걸어보기로 생각한 이상, 김밥에 대한 모든 걸 알아야 했습니다. 그 첫 시작이 전국에 있는 김밥집에 대한 정보를 모아 '전국김밥일주를 떠나자'였어요. 그때의 무모한(?) 다짐이 없었다면 이 책은 세상에 나오지 않았겠죠. 아무튼, 저는 배낭 하나 짊어지고 그렇게 전국에 있는 다양한 김밥을 찾아 떠나게 되었습니다.

전국의 다양한 김밥집을 찾아다니면서 느낀 점은 김밥은 그렇게 하찮은 존재가 아니라는 것입니다. 생각보다 특이하고 다양한 김밥들이 있다는 것에 놀랐어요. 속 재료에 따라, 어떻게 양념을 했는지, 밥의 간은 어떻게 맞췄는지,

심지어는 누가 김밥을 말았는지에 따라 맛이 천차만별로 변하는 김밥의 매력을 알게 될수록 저는 김밥이라는 음식에 더욱 빠지게 되었습니다.

2년이 넘는 기간 동안 총 400곳 이상의 김밥집을 다녔습니다. 그리고 세 가지의 기준으로(맛있거나, 특이하거나, 오래되었거나) 총 136곳의 김밥집을 선별했습니다. 전국에 있는 수많은 김밥집을 돌아다니며, 김밥에 자신들의 인생을 바치신 수많은 김밥집 사장님들을 만나며, 더 이상 김밥은 한 끼를 때우는 음식이 아니었습니다. 이 책을 통해 김밥집 사장님들이 동그랗게 말아놓은 정성을, 이렇게 다양한 김밥의 형태가 있다는 놀라움과 즐거움을 함께 얻어 가셨으면 좋겠습니다.

덧붙여 이 책은 전국에 있는 김밥 맛집을 소개하는 책이지만, 좋아하는 김밥에 인생을 건 사람의 한편의 성장기이자, 꿈을 위해 나아가기 위한 기록이라고도 생각해주시면 좋겠습니다.

흔하디흔한 존재가 된 김밥으로 저는 새로운 인생을 살고 있습니다. 단지 좋아하는 김밥을 열심히 먹으러 다녔을 뿐인데, 제 여정을 응원해주는 10만 명의 팬들이 생겼고 많은 사람들은 저를 김밥덕후 혹은 김밥에 미친 사람이라는 이름으로 부르기 시작했어요.

약 10만 명의 구독자가 있는 김밥집 계정은 제가 전국김밥일주를 다녀온 후, 기록의 의미로 게시물을 업로드하기 시작했습니다. 딱 1,000명의 김밥덕후만 모였으면 했는데 무려 10만 명이라는 사람들이 모이게 되었네요. 김밥을 좋아하는 사람이 이렇게 많을 줄은 몰랐습니다. 김밥 하나로 이렇게 모인 사람들이기에 제겐 더욱 뜻깊더라고요. 아무튼,

이 책은 단지 시작일 뿐입니다. 지금도 일주일에 서너 번은 새로운 김밥집을 찾아다니고 있으니 궁금하신 분들은 인스타그램의 [@gimbapzip] 또는 유튜브 [밥풀이네 김밥집]을 통해 저의 김밥 여정을 계속 보실 수 있습니다. 이 책을 내기까지 응원해주신 모든 밥풀이들에게, 앞으로 밥풀이가 될 모든 분들에게 감사하다는 말을 전하고 싶습니다.

김밥이 햄버거와 피자처럼 세계적인 음식이 되는 그날까지, 김밥에 인생 한 번 걸어보겠습니다.

김밥 많이 사랑해주세요!

차례

프롤로그 "김밥 하나에 인생을 걸기로 했습니다" ·········· 4
김밥 큐레이터가 '또간집' BEST 10 ············ 16
취향에 저격 김밥 큐레이팅! ············ 18
321인의 추천사, 기대와 응원 메시지 ············ 24

서울

강서구·관악구
명동김밥 ············ 42
이레김밥 봉천1호점 ············ 44
오월의김밥 ············ 46
진순자계란말이김밥 ············ 48

마포구·서대문구
샐러마리 ············ 50
맛있는집 ············ 52
올바른김밥 ············ 54
연희김밥 망원점 ············ 56
연우김밥 ············ 58
보물섬김밥 ············ 60
난 ············ 62
키친봄날 ············ 64
아콘스톨 ············ 66

용산구·종로구·중구
오토김밥 본점 ············ 68
싱싱나라김밥 ············ 70
바다포차돌섬 이태원점 ············ 72
서하네김밥 ············ 74
팔판동꼬마김밥앤토스트 ············ 76
교남김밥 ············ 78
늘솜김밥 ············ 80
모녀김밥 ············ 82
원조누드치즈김밥 ············ 84
통통김밥 남대문시장점 ············ 86
명화당 명동1호점 ············ 88
끼니야봉 ············ 90
엔돌핀김밥 ············ 92

성북구·강북구
고른햇살 ············ 94
호랑이김밥 ············ 96
오래누드김밥 ············ 98
이공김밥 안암본점 ············ 100
라온김밥 ············ 102

동대문구·광진구·노원구·성동구
물고기 ············ 104
엄마맘약선김밥 ············ 106
한아름분식 ············ 108
유부김밥 ············ 110
해밀칼국수&김밥 ············ 112

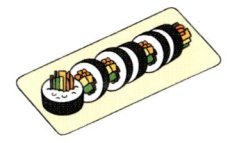

강남구 · 강동구 · 서초구

무미유미	114
푸드2900 논현시티점	116
루비떡볶이	118
136길육미	120
둔촌김밥	122
골드김밥 방배점	124
유미분	126
서호김밥	128
해남원조김밥	130
웰빙다시마청계산김밥	132
ESSAY 김밥도 커스터마이징 하는 시대	134

인천 · 경기도

인천

서문김밥	138
청해김밥	140
메가김밥	142
대왕김밥	144
까치네떡볶이	146

경기도

안성 두꺼비스넥	148
부천 맛객미식쇼	150
수원 뚱이김밥	152
수원 계절곳간	154
수원 딸기스넥	156
성남 백나예김밥	158
고양 요리다김요리	160
고양 이순녀계란말이김밥	162
고양 여미재	164
군포 웰빙고추김밥	166
의정부 엄마김밥	168
평택 까망김하얀밥	170
과천 오매김밥	172
남양주 왕김밥	174
여주 나루터김밥	176
ESSAY 김밥의 본질이란 이런 게 아닐까	178

강원도 · 대전 · 충청도

강원도
속초 장홍김밥 ·················· 182
속초 최대섭대박김밥 속초본점 184
속초 선경분식 ·················· 186
강릉 옛빙그레 ·················· 188
강릉 초록김밥 ·················· 190

대전
김밥신화 ························ 192
봉달이명품김밥 ················ 194
엄마손김밥 ····················· 196

충청도
충주 김밥톡톡 ·················· 198
충주 장김밥 ···················· 200
청주 쇼킹 청주대점 ············ 202
아산 정터진김밥왕 ············· 204
태안 또와분식 ·················· 206
서천 원조큰길휴게실 ·········· 208

대구 · 경상도 · 울산

대구
효목김밥 ········· 212
에덴김밥 ········· 214
바뷔치 중앙로점 ········ 216
뚱채김밥 ········· 218

경상도
포항 벚꽃김밥 ········ 220
포항 유강엄마손김밥 ······ 222
포항 죽장휴게소 ······· 224
경주 보배김밥 ········ 226
경주 교리김밥 본점 ······ 228
청도 할매김밥 ········ 230
김천 눈물이펑펑 ······· 232
김천 오단이꼬마김밥 ····· 234

안동 원진네김밥 ······· 236
진주 땡초김밥 본점 ······ 238
창원 아희손김밥 ······· 240
창원 창동분식 ········ 242
사천 삼천포충무김밥 ····· 244
사천 유정김밥 ········ 246
거제 쌤김밥 ········· 248
거제 배말칼국수김밥 본점 ··· 250
통영 풍화김밥 ········ 252

울산
자성당 ············ 254
새벽을여는김밥 ········ 256

부산

영도 백설대학 ········ 260
영도 옥천횟집 ········ 262
영도 사또분식 ········ 264
수영 광안시장박고지김밥 ··· 266
금정 동원분식 ········ 268
금정 명품달인김밥 본점 ···· 270

금정 소다미김밥 ······· 272
서면 큰손김밥 ········ 274
서면 팔미분식 ········ 276
해운대 가원김밥 ······· 278
ESSAY
유부김밥, 짭조름한 매력 ······ 280

광주

백줄만죽 ······························ 284
용쓰91김밥 ·························· 286
대왕김밥전대정문 ················ 288

전라도

전주 오선모옛날김밥 ············ 290
전주 최태연반반김밥 ············ 292

전주 오원집 본점 ················ 294
전주 경아분식 ···················· 296
완주 도원김밥 ···················· 298
익산 처갓집김밥 ················· 300
정읍 옛날김밥 ···················· 302
여수 바다김밥 ···················· 304
부안 빅마마김밥 ················· 306

제주

참맛나김밥 ························· 310
김정자김밥 ························· 312
다가미 ······························ 314
가시어멍김밥 ······················ 316
이순신김밥 ························· 318
남춘식당 ···························· 320

서귀포

오는정김밥 ························· 322
다정이네 올레시장 본점 ········ 324
분식후경 ···························· 326
한라네김밥 ························· 328
복음이네김밥만두 ················ 330

김밥큐레이터가 '또 간집' BEST 10

이 책에 실린 136곳 모두 저자가 애정하는 곳이라 딱 10곳만 추리기가 어려웠다. 그래서 136곳 김밥집 중 특별히 또 방문한 곳으로 추려보았다. ※ 취향존중! 개인적인 의견이니 참고만 해주세요.

 오월의김밥(관악구) p.46

한 달에 한 번은 주기적으로 먹어주어야 하는 밥도둑 김밥. 포슬포슬한 달걀지단이 가득 들어가는 것이 이 김밥의 핵심이다. 매콤하게 양념한 어묵조림도 별미!

 해남원조김밥(서초구) p.130

서울에서 유부김밥 맛집을 찾는다면 이곳으로 가면 된다. 유부를 가마솥에 오랜 시간 볶아내 고소한 유부 향이 가득한 김밥이다.

 정터진김밥왕(아산) p.204

김밥집에 미슐랭을 달아줄 수 있다면 이곳은 무조건이다. 직화우엉김밥으로 유명한데, 우엉에서 불맛이 올라와 마치 숯불고기 김밥을 먹는 듯한 착각을 불러일으킨다.

 백설대학(부산) p.260

부산에서 제일 좋아하는 김밥집 중 하나. 달큰 짭조름한 양념을 가득 품고 있는 유부조림이 이곳 김밥의 핵심이다. 단짠의 조화를 듬뿍 느끼려면 참치김밥을 추천한다.

 동원분식(부산) p.268

간판 없는 김밥집으로 지역 주민 찐맛집으로 꼽히는 곳이다. 김밥 메뉴는 일미김밥 한 가지로 매콤 쫄깃한 진미채무침과 두툼한 부추 달걀말이, 그 외 재료들이 어우러져 조화로운 맛을 내는 곳이다.

서문김밥(인천) p.138

노란색 밥이 특별한데, 강화섬 쌀로 밥을 짓고 뜸을 들일 때 볶은 당근채를 넣는다고 한다. 재료는 특별할 것이 없지만, 밥맛만큼은 최고라 정말 꿀떡꿀떡 넘어가는 김밥!

 봉달이명품김밥(대전) p.194

처음 떠난 전국김밥일주 때 정말 맛있게 먹은 곳 중 하나. 이곳은 깨소금과 참기름 듬뿍 넣고 무쳐낸 기본 김밥이 제일 맛있다. 분명 입으로 넣었는데 코로 고소함이 미친 듯이 뿜어져 나오는 집.

 라온김밥(성북구) p.102

아삭거리는 새싹김밥과 톳과 꼬시래기를 듬뿍 넣은 해초김밥이 맛있는 곳이다. 즉석에서 끓여 먹는 즉석떡볶이와의 조합도 굿!

 두꺼비스넥(안성) p.148

오독거리는 식감이 강렬한 오이김밥. 특유의 비릿한 오이 향이 강하지 않고 오독오독거리는 식감이 재밌는 김밥이다.

 에덴김밥(대구) p.214

일명 깨소금김밥으로 유명한 곳이다. 깨와 다진고기를 섞어 김밥 속에 뿌려 주는 게 이곳의 비법. 즉석에서 바로 달걀물 입혀 구워주는 김밥전도 별미다.

취향에 저격 김밥 큐레이팅!

'오늘은 이 김밥으로 정했다!'

① 쏩~하 하면서 먹는 매운맛 김밥

한국인이라면 매운맛 없이는 못 살아! 맵찔이도 먹을 수 있는 매콤달콤한 김밥부터 눈물 콧물 쏙 빼는 매운 김밥까지 정리해 봤어. 스트레스 왕창 받은 날, 매운 게 먹고 싶은 날에 방문해보자.

> **맵기표**
> 🌶️ 매콤달콤, 맵찔이도 가능
> 🌶️🌶️ 이거 맵네? 불닭볶음면 맵기
> 🌶️🌶️🌶️ 엄청 매움, 눈물 콧물 쏙 뺀다

- 참맛나김밥(제주) p.31 : 멸추김밥 🌶️🌶️🌶️
- 해밀칼국수&김밥(성동구) p.112 : 매운오징어김밥 🌶️🌶️
- 땡초김밥본점(진주) p.238 : 땡초김밥 🌶️🌶️🌶️
- 연희김밥(마포구) p.56 : 오징어김밥 🌶️🌶️
- 엄마김밥(의정부) p.168 : 오징어김밥 🌶️
- 눈물이펑펑(김천) p.232 : 매운오징어김밥 🌶️🌶️
- 유미분(서초구) p.126 : 불어묵김밥 🌶️
- 웰빙고추김밥(군포) p.166 : 고추참치김밥 🌶️
- 바뷔치(대구) p.216 : 매참김밥 🌶️
- 원진네김밥(안동) p.236 : 멸치매운김밥 🌶️
- 오월의김밥(관악구) p.46 : 밥도둑김밥 🌶️🌶️
- 보물섬김밥(마포구) p.60 : 얼큰이김밥 🌶️🌶️
- 나루터김밥(여주) p.176 : 참매엉김밥 🌶️🌶️

- 통통김밥(중구) p.86 : 불오징어김밥,매운오뎅김밥
- 할매김밥(청도) p.230 : 무말랭이김밥
- 큰손김밥(부산) p.274 : 매운오뎅김밥
- 물고기(동대문구) p.104 : 매운참치김밥

② 지역 특산물 김밥 "여기 가면 반드시 사수해!"

- 장흥김밥(속초) p.182 : 속초 특산물인 명란을 이용한 김밥. 가리비섯갈도 추가
- 최대섭대박김밥(속초) p.184 : 명태를 튀기고 양념장에 버무린 김밥
- 쌤김밥(거제) p.248 : 오독오독한 식감의 톳이 듬뿍 들어간 김밥
- 바다김밥(여수) p.304 : 갓김치에 참치마요네즈를 버무려 넣은 김밥
- 옥천횟집(부산) p.262 : 녹진한 성게알이 듬뿍 올라간 김밥
- 이순신김밥(제주) p.318 : 흑돼지와 딱새우로 만든 김밥

③ 한국인의 소울 메뉴, 참치 듬뿍 김밥

- 이공김밥(성북구) p.100
- 고른햇살(성북구) p.94
- 키친봄날(서대문구) p.64
- 오래누드김밥(성북구) p.98
- 바뷔치(대구) p.216
- 아콘스톨(서대문구) p.66
- 원조누드치즈김밥(종로구) p.84
- 물고기(동대문구) p.104
- 왕김밥(남양주) p.174

④ 다이어터들을 위한 키토김밥

키토는 '키토제닉'에서 따온 말로, 탄수화물을 최소화하고 지방을 높이는 '저탄고지' 식단을 의미한다. 밥 양을 적게 넣거나, 밥(탄수화물) 대신 달걀이나 메밀 등 다른 재료를 사용해서 탄수화물 비율을 낮춘 것을 의미한다.

- 무미유미(강남구) p.114 *치즈, 포두부
- 큰손김밥(부산) p.274 *달걀
- 김밥신화(대전) p.192 *달걀
- 골드김밥(서초구) p.124 *달걀
- 136길육미(강남구) p.120 *메밀
- 계절곳간(수원) p.154 *메밀

⑤ 한입에 쏙쏙! 충무, 꼬마김밥

- 삼천포충무김밥(사천) p.244
- 풍화김밥(통영) p.252
- 모녀김밥(종로구) p.82
- 유강엄마손김밥(포항) p.222
- 엔돌핀김밥(중구) p.92
- 진순자계란말이김밥(관악구) p.48
- 처갓집김밥(익산) p.300
- 두꺼비스넥(안성) p.148
- 맛객미식쇼(부천) p.150
- 청도할매김밥(청도) p.230
- 오단이꼬마김밥(김천) p.234
- 바다김밥(여수) p.304

⑥ 엄마 손맛 가득한 집김밥st

- 서문김밥(인천) p.138
- 싱싱나라김밥(용산구) p.70
- 봉달이명품김밥(대전) p.194
- 웰빙청계산김밥(서초구) p.132
- 분식후경(제주) p.326
- 남춘식당(제주) p.320
- 에덴김밥(대구) p.214
- 또와분식(태안) p.206
- 한아름분식(광진구) p.108

⑦ 짭조름한 매력 속으로, 유부김밥

- 유부김밥(노원구) p.110
- 해남원조김밥(서초구) p.130
- 백설대학(부산) p.260
- 광안시장박고지김밥(부산) p.266
- 큰손김밥(부산) p.274

⑧ 김밥을 떡볶이 국물에 퐁당! 떡볶이가 맛있는 김밥집

- 라온김밥(성북구) p.102
- 루비떡볶이(강남구) p.118
- 아콘스톨(서대문구) p.66
- 맛있는집(마포구) p.52

⑨ 김밥과 함께 술을 즐기기 좋은 맛집

- 바다포차돌섬(용산구) p.72
- 136길육미(강남구) p.120
- 유미분(서초구) p.126
- 맛객미식쇼(부천) p.150
- 옥천횟집(부산) p.262

321인의 추천사, 기대와 응원 메시지

From 인스타그램 @gimbapzip (9.7만 팔로워)

※ 김밥대장: 저자의 애칭 ※ 밥풀이: 구독자 애칭

안녕하세요, 응원의 글 남겨주셔서 너무 감사드립니다! 유명인만 추천사를 써야 한다는 생각을 깨보고 싶어 시작한 일에 많은 분들이 진심 가득한 글을 남겨주셨어요. 덕분에 이 책은 출간된 책 중, 제일 많은 추천사를 담은 책이 되지 않을까 싶네요. 글 하나하나 읽어보며 힘을 많이 얻었습니다. 앞으로도 열심히 김밥 먹으러 다니겠습니다!

우리는 김밥이라는 음식으로 하나가 될 수 있잖아요! 대한민국 김밥 최고! 김밥집 진심으로 애정해요. **임쀼니** | 김밥 사전이라니, 넘 기대가 됩니다! **이혜진** | 김밥을 너무 좋아하는 1인으로서 항상 응원합니다! 앞으로도 김밥길 걸으세요. 파이팅! **곽성연** | 배달의 민족이 모든 음식점을 배달플랫폼으로 묶어줬다면 김밥ZIP은 모든 김밥인들과 김밥집들을 김처럼 하나로 모아 말아줬다. **이예지** | 제가 꿈꾸던 삶을 김밥집님은 이미 실천하고 계신 걸 보며 정말 대단하고 멋지다고 느꼈습니다! 책 출간 정말 축하드리고 책 속에 나오는 김밥집 하나씩 뽀개기 할게요!! **정희수** | 김밥대장정 항상 응원할게! 누가 김밥왕이 되는지 내기해보자구! **단밥** | 김밥을 사랑한다면, 김밥을 한 번쯤은 먹어봤다면 꼭 봐야 할 김밥집. 언제나 응원합니다. **이해경** | 김밥 종류가 이렇게도 다양하구나 하는걸 김밥집님 인스타를 보고 알게 되었고 놀랐어요. 피드가 많아 김밥 찾기 힘들 때 책으로 본다면 더욱 좋을 것 같습니다! **이보람** | 김:김밥 맛집이 알고 싶은, 밥:밥풀이들을 위한 김밥대장의 책이라니, 존버 성공했다! **신민섭** | 김밥은 현대인의 절친, 전국의 절친을 얻게 되어 너무나 기쁩니다. **이주희** | 김밥 조아♥ 책 정독하고 김밥정복 하겠습니다! **이뚜빈** | 김밥을 좋아하는 사람이라면 무조건 읽어야 하는 책! 김밥을 좋아하지 않는 사람도 이 책을 읽으면 분명 136곳 중, 가장 가까운 곳으로 지갑 챙겨서 나가게 할 책! **최밥풀** | 너무 수고 많으셨습니다! 앞으로 2탄 3탄 쭉 기대할게요!! 김밥 사랑으로 모두 대동단결 되길!! **정현진** | 김밥 맛집 먹으러 다니는 재미 죽을 때까지 함께 먹어요. **장수현** | 김밥 누나 멋져 파이팅! **내이름은복실**

어릴 때부터 호기심 많고 엉뚱 발랄한 친구였다. 처음 김밥에 관심을 가지기 시작했다고 할 때, 김밥을 먹으러 창원으로 오겠다고 했을 때, 그리고 책을 출간할 거라고 다짐했을 때 갑자기 김밥? 싶었지만 결국은 해낼 친구라는 걸 알고 있었다. 외식기업 퇴사 후 좋아하는 일을 할 거라고 했을 때도 우리는 믿어 의심치 않았다. 언젠가 김밥 카테고리에 정다현 세 글자가 뜨는 날, 김밥 브랜드가 생기는 날도 언제나 그랬듯 웃

으면서 즐기면서 꿈을 이룰 거라는 걸 안다. 언제나 응원해 **김희원**

제 최애푸드 중 하나가 김밥이에요! 매일 먹으라고 해도 먹을 수 있는 김밥!! 2년간의 김밥 열정 로드의 결과물 탄생 넘 축하드리고 꼭 저도 구입해서 김밥 탐방하러 가겠습니다! 대한민국 김밥 만세! 김밥도 K푸드 가으자! **장은영** ㅣ 밥풀이들에게 성서가 될 책 출간해주셔서 감사합니다:-) **권혜수** ㅣ 사실 김밥이라고 하면 간단하게 식사를 때우는 음식이라는 생각을 했었는데 김밥도 다양한 종류가 있고 김밥을 좋아하는 사람이 많다는 걸 작가님을 통해 깨달았고 저 역시 김밥을 좋아하는 사람이란 걸 이제 알게 되었네요. 좋은 김밥 소개해주셔서 감사해요. **차지현** ㅣ 김밥을 좋아하는 사람은 저 혼자인 줄로만 알았어요. 엽떡이나 마라탕처럼 김밥 또한 매니아층이 있다는 걸 알려주셔서 감사합니다. 소화 잘되는 20대에 김밥집님을 알게 되어 다행이에요. **이봄** ㅣ 9만 명의 김밥대장!! 믿고 보는 김밥대장!! **이종학** ㅣ 하루 세끼 김밥을 먹어도 부족했던 나에게 꼭 필요한 책! **최하용** ㅣ 우리 곁에 항상 있던 김밥에게 감사를 느끼게 해준 그대! 김밥 동지들이여 영원하라! **김소미** ㅣ 팔로우한 지는 얼마 되지 않았지만 게시물이 보일 때마다 저장도 하고 이번엔 어느 곳일까 보기도 하고 김밥에 진심인 마음이, 어떤 하나에 꽂혀 열심히 하는 모습이 멋있어 보였습니다! 책 출간이라니 더욱 기대됩니다 파이팅! **장은서** ㅣ 김밥의 변신은 무죄! 김밥 너무 좋아하는데 살쪄서 많이 안 먹으려고 하는 김밥. 인스타 보고 따라가서도 먹어보고 먼 곳은 대리만족해요! 응원합니다 ^^ **김기묘** ㅣ 우리가 할 수 있는 가장 큰 모험은 우리가 꿈꾸는 삶을 살아가는 것이라고 하더군요. 앞으로 당신의 모든 순간에도 맛있는 김밥이 함께하길. 모두들 꿈꾸는 삶을 살아가길 응원합니다. **익명** ㅣ 축하드려요! 김밥집 책이라니?! 대단해요. 감사히 아껴 읽을게요. **스징** ㅣ 우리는 김밥의 민족! 지금의 김밥집도 앞으로의 김밥집도 항상 응원해요. **권지** ㅣ 이 인스타를 만나고 김밥비를 따로 빼두는 지경까지 이르렀습니다. 전국팔도 김밥 도장깨기 모두 함께해요! **김핸지** ㅣ 믿고 먹을 수 있는 곳만 선별했다니! 밥풀이들의 필독서 김밥의 정석! 저도 모두 가볼 수 있도록 도전하겠습니다! **이숙영** ㅣ 김밥을 무지 좋아하는 뉴밥풀이 입니다. 항상 응원하고 기대할게요^^ **김은하** ㅣ 김밥의 새로운 역사를 위해! **강동현**

김밥이라는 남들에게 제일 좋아하는 메뉴라고 말하기엔 애매한 이 음식을 누구보다 열정적으로 우리들에게 알려주시고 김밥이 이런 음식이다! 하나의 최애가 될 수 있다!를 보여줄 수 있게 해주셔서 너무 감사해요. 어디어디 맛집 검색해도 나오지 않을 김밥 맛집들... 올라오는 글 하나하나 보며 감동받았습니다. 출간 너무 축하드려요:) **김석희** ㅣ 김밥집들 소개해주시는 걸 보고 무료했던 일상에서 나도 해볼까?라는 생각으로 소개해주신 곳들 중 놀러가는 지역마다 김밥집 다니고 있는데 즐거운 취미가 생기게 되어 너무 감사해요! 항상 응원하고 대박 나 주세용♥ **하소리** ㅣ 세상 둘도 없는 김밥 러버예요. 매일 먹어도 먹을 수 있고 김밥 마는 솜씨도 김밥집 못지않은데 밥풀이로 정말 유용하게 보고 있었어요. 김밥을 사랑하는 맘은 작가님 못지 않습니닷. 파이팅♡ **차유리** ㅣ 대장 기다렸다고! 9만 명 밥풀이들이 울 대장 김밥값은 댈 테니 대장은 김밥길만 걷자 -꼬봉밥풀이- **김근영** ㅣ 김밥대장! 다양한 지역에 김밥이 모여 한 권의 책이 될 수 있다는 것에 놀라워요! 저처럼 김밥을 좋아하는 사람뿐만이 아니라 다른 나라에 많은 사람이 보고 간접적으로 느낄 수 있는 책이 될 것 같아요. 나의 사랑 김밥♥ **우가영** │ 사랑하는 걸 마음껏 계속 사랑한다는 것은 언젠가 누군가의 꿈이 될 수 있다는 걸 보여주시고 증명한 책 **박성연** │ 나만 좋아하는 줄 알았던 김밥! 나랑은 비교도 안 되게 좋아하는 사람이 있다는 것만으로도 반갑기도, 충격이기도! 전국을 돌며 김밥 먹으러 다니는 거 보면서 대체 뭐 하는 사람일까 궁금하기도ㅋㅋ 좋아하면서 잘하는 걸 이렇게 즐기며 할 수 있어서 부럽기도♡ 월드클래스 김밥왕이 되는 그날까지 응원할게요. 아~ 김밥 고파 **cindyeun**

저희 엄마가 김밥을 참 좋아하시는데 김밥대장 덕분에 엄마랑 더 많은 곳을 여행하게 됐어요. 엄마가 가장 애정하는 책이 될 것 같아요. **정문흥** │ 세상에 모든 김밥을 알게 해 줄 지침서가 될 거예요. 입은 행복하고 마음은 두둑해질거라 기대 가득합니다. 기쁘게 축하해요. **이모찬스** │ 김밥대장 덕에 김밥을 더 사랑하게 됐어요! 최고 밥풀이 **챈이** │ 오 형님! 드디어 김밥 책을 내주시다니 고맙습니다. 누군가의 노력이 누군가에게 정보가 되고 공유가 되는 것, 매우 중요하다고 생각해요. 저도 다 가보지는 못하겠지만 적어도 서울에 있는 맛있는 김밥집은 출간하는 책을 참고해 다녀보도록 할게요. 내가 맛있게 느끼는 집을 남들에게 공유한다는 마음도 선한 마음이라고 생각합니다. 응원합니다. 다음 행보는 순대인가요? 떡볶이인가요? 궁금하네요. **김상훈** │ 축하드려요. **송현아** │ 너무나 좋은 김밥과 대장님! 묵묵히 김밥길을 걸어와주셔서 감사하고, 앞으로 자주 봐요♥ 사랑해요. **이주이** │ 넘치기 직전까지 속을 가득 채운 김밥처럼 사랑하고 아끼는 마음 담아 응원해요. **꽉찬김밥** │ 한 명의 밥풀이일 뿐이지만 대장의 노력을 알기에 매우 응원합니다♥ **저니쥬** │ 김밥을 단순히 즐기는 걸 넘어 좋아하고 찾아보게 되었어요. 다른 지역에 가게 되면 김밥집부터 찾아본답니다:) 이런 기회를 만들어 주어서 너무 감사해요♥ **최민수** │ 김밥을 좋아하는 최애 1인으로서 보는 것만으로도 대리만족할 수 있어서 넘 좋았어요! 늘 김밥보다 늘 다양한 폭으로 알차게 소개해줘서 사랑이었어요. 앞으로 행보도 김밥처럼 잘 말리기를 바라요^^ **전선미** │ 대단한 사람, 약속을 지키는 사람. 고맙습니다! 멘토! **김지성** │ 김밥이라는 따뜻함을 소개하는 책. 너무 반갑습니다 :) **정러키** │ 지도 펼치고 보물섬을 찾아 항해하는 것 같이 밥풀이들은 이 책을 펼치고 김밥집의 흔적을 찾으러 떠나고 싶습니다! **이기연** │ 김밥계의 새로운 패러다임! 한국의 다채로운 김밥들을 소개해주셔서 감사합니다. 책도 너무 기대돼요! 외국에서는 김밥을 스시의 한 종류로 보곤 하더라구요. 더 다채롭고 한국적인 김밥들이 생겨서 스시가 아닌 "김밥"으로 세계에 알려졌으면 해요. 항상 응원합니다! **김도은** │ 나의 소울푸드는 속이 소울 마냥 꽉 찬 김밥. 김밥 참고서 다들 참고하면서 각자 김밥 취향 찾으시길 :) **정민교**

김밥을 좋아하는 한 사람으로서 맛있게 보고 있는데 책이 나와서 너무 기대되고 기다려집니다. 축하드립니다! **김민성** │ 무언가에 흠뻑 빠져 즐기는 것뿐만 아니라 그것을 나만의 '강점'으로 만들고, 나아가 공유할 줄 아는 사람! 김밥 책 출간 축하합니다♥ **정소영** │ 맛있는 김밥을 찾아 떠나는 여행에 저도 함께여서 좋습니다 :) **양영현** │ 친숙한 김밥을 미식의 영역으로 재해석한 기념비적인 책 **김성환** │ 김밥에 인생을

바치는 작가님의 모습 때문에, 한낱 김밥이라고 생각한 음식이 위대한 음식으로 느껴졌습니다. **손동락** | 김밥에 진심인 대장과 밥풀이들이 소개하는 대한민국 구석구석 숨은 김밥 대동여지도. 세계 한식 열풍, 비빔밥을 이을 차세대 K-food 김밥 'gimbap' **고민지** | 축하해요. 완전 기대! 책 나오면 바로 구매해서 도장 깨기 바로 들어갑니다. 형광펜, 포스트잇 구비해놔야지. **이소연** | 볼수록 신기하고 맛있겠고 궁금해지는! 이 책을 보게 된다면 어느샌가 김밥 맛집 순례 중이실 겁니당! **박신영** | 김밥에 진심인 김밥대장과 책으로 전국김밥일주할 밥풀이 구함♥ **서녜원** | 김밥 책 너무 기대 중 **손여운** | 김밥이 궁금해? 그럼 이 책이다! **김밥환** | 외국인뿐만 아니라 한국인에게 국내여행 책자와 함께 선물하면 좋은 책 베스트 1위 **김기환** | 맘속에 품은 소울푸드는 김밥, 그리고 뭐든 진심인 사람이 좋은 나. 김밥에 진심인 대장의 책이 두 배로 기대돼요! **이혜령** | 김밥에 대한 순수한 집념, 그 자체. **강희정** | 이제 어느 지역에 가든 김밥 고민은 안 할 것 같아요. **천영미** | 일주일에 김밥을 5번은 먹는 자칭 김밥 러버로서 이 책은 무조건 구매해야 한다고 생각합니다. 이 책 보고 전국에 있는 김밥집 다 가볼 거예요! 세상에 모든 사람이 김밥 덕후가 되는 그날까지! 김밥사랑 김밥집 사랑. **김미양**

김밥 러버들의 바이블! 김밥계의 대동여지도! 누가 김밥으로 한 끼 때운다고 하나요? 김밥 러버들에게 김밥은 소중하고 특별한 요리입니다! 어릴 적 소풍에 친구들과 나눠 먹던 김밥을 생각해보면, 김밥은 집집마다 사람마다 각자의 손맛이 가장 잘 느껴지는 음식이라고 생각합니다. 전국 곳곳 김밥 명소들이 가득 담긴 이 책을 들고, 전국 김밥여행을 다녀보시는 건 어떨까요? **박혜진** | 친근함 속에서 특별함을 찾아내다! 가장 가까운 행복을 위해 가장 먼 곳까지 갈 준비가 되어있는 당신에게 추천합니다. **전희연** | 원래도 좋아하던 김밥이 작가님 덕분에 더 좋아졌어요! 매번 인스타로 보던 김밥 맛집 정보를 이젠 편하게 책으로 소장하고 볼 수 있게 되다니! 너무 감사합니다. **조혜영** | 지금까지 이런 김밥 책은 없었다. 책 뜯어 먹지 마세요ㅋㅋ **김성진** | 김밥 책으로 지구정복 가즈아 ㅋ **정지음** | 김밥집 투어하는 게 꿈인 내게 어디로 갈지 갈피를 잡아주는 대장 최고입니다! **김상봉** | 대장!! 고생 많았어! 대장 덕분에 내 데이오프는 김밥투어야! 우리 행복 김밥길만 걷자! 창원 마산 밥풀이가♥ **차주원** | 임신했을 때 처음 만난 김밥집. 입덧으로 힘들었을 때 입맛을 살리게 해주었고 임당으로 먹고 싶은 거 먹지 못할 때 김밥집 보면서 위로받았어요. 이제는 건강히 출산해서 태어난 아들과 함께 김밥 일주를 꿈꾸고 있습니다. 출간 축하드려요♡ **행복한똑순이** | 김밥에 미친 자로서 누가 전국 김밥 맛집 책 안 내주나 했는데 gimbabzip이 드. 디. 어! **박나영** | '전국김밥일주'라니 너무 귀엽고 신나는 말 아닌가요? 김밥을 너무 사랑하는 사람으로서, '전국김밥일주'라는 말은 제 가슴을 벅차오르게 합니다! **정예은** | 퇴사한 후, 즐거움을 잃고 우울하고 하루하루 힘들었는데, 우연히 인스타에서 보고 여기도 가봐야지! 저기도 가봐야지라는 생각이 들었어요! 찾아 먹는 즐거움을 가르쳐줘서 고마워요! **희희** | 김밥의 역사에 새역사를 쓸 위대한 인물이시여 **강동현** | 김밥이라고 무시하지마라.. 누군가에겐 최고의 음식이다!! 증명해주셔서 감사합니다!! **이은아** | 저에게 김밥은 완벽한 한 끼입니다. 고로 저에게 '김밥집'은 완벽한 채널이죠. **정서영** | 김밥처럼 쌓여 있는 음식을 좋아하는데 이렇게 많은 코

리안 김밥을 소개해주셔서 너무 감사드려요. 한국인은 김밥이다. **진나선** | 김밥은 김과 밥의 안팎 배치부터 재료 선택과 크기까지 다양한 참 창의적인 음식이다. 요소 하나가 달라지면 맛이 크게 달라진다. 그래서 김밥은 미술작품 보듯 재미가 나는 음식이다. 맛있는 김밥을 소개해주는 작가는 김밥 도슨트! 이 책으로 김밥을 소개받고, 김밥 맛집 도장깨기를 해보자. **장다혜** | 김밥계의 대동여지도 **백영국** | 김밥쟁이는 너무나도 기다렸어요! 모두 모두 맛있는 김밥 함께해요. **김햄쥐** | 퇴사 후 김밥 투어라니! 귀엽고 엉뚱하고 용감하고 멋있습니다! 앞으로의 날들도 엉뚱 발랄 냠냠 하시길! 김밥 만세! **김새알** | 티는 내지 않지만 김밥 일주를 늘 응원합니다! 책 출간 축하드려요. **이지민**

모두가 학창시절 소울푸드는 떡볶이이라고 할 때, 전 늘 김밥이었습니다. 김밥이 세상을 구한다! 아이폰 이모티콘에 김밥이 생기는 글로벌 김밥의 시대가 오는 그날까지 밥푸리들이 대장을 응원합니다. **김세현** | 같은 성씨로 김밥이라는 주제로 책이 나오다니, 김밥 씨에게 감사의 인사 남기며 앞으로 더 찾아뵐게요 :) **김창법** | 저도 김밥을 무척 좋아하는 1인입니다. 소소한 김밥집 투어가 힐링이 된다는 사실을 알고 있지만, 막상 김밥대장님처럼 김밥투어하며 콘텐츠를 만들 생각은 못 했어요! 누구에게는 필요 없는 정보지만 저 같은 밥풀이에게는 꼭 필요한 전국김밥지도! 직접 다녀보고 먹어보고 평가하신 그 꿀정보들이 모여 있는 책이라니 너무 보고 싶네요:) 이런 책 어디서 봅니까?! 인생 책 될 각입니다. **한아름** | 밥풀이입니다. 덕분에 맛있는 맛집 많이 봐서 눈이 즐거워요. 책 출간 축하드리고 앞으로도 맛있는 김밥 더더 많이 찾아주세요!! **박지현** | 비빔밥으로 대학 때 레포트도 쓰고, 과 자체를 음식 관련 과로 가고 싶을 정도로 열정적이었는데, 그런 분을 만나서 너무너무 기뻐요. 이 책 나오면 꼭 살게요! 김밥에 대한 그 열정 잃지 말아주세요! **비빔밥왕자** | 덕분에 김밥의 매력을 알게 되었어요. 김밥의 세계는 무궁무진하니까 다들 김밥하세요. **박세진** | 김밥집을 만나게 해주어 김밥에게 감사해… **이주영** | 출판일 바로 2쇄 확정 가즈아! 파이팅! **김준형** | 김밥에 대한 열정과 끈기가 대단해요. 김밥집 가보자고! **김태경** | 김밥대장님! 올해의 베스트셀러 축하드립니다. 밥풀이는 소중한 책 운전석에 꼭 갖고 다닐 거예요. **아이러브세하맘** | 9만 명 밥풀이들의 추천과 응원들이 한 권의 책으로 만들어졌네요! K 김밥이 유명해져서 해외 김밥 맛집 순례 모음집도 보는 날이 오길! **정이슬** | 제 생일에 선물이네요! 김밥 러버로서 응원합니다! 기대되고 감사해요! 잊을 수 없는 생일 선물입니다. **김나현** | 무언가를 엄청나게 좋아한다는 것은 엄청나게 큰 힘! 우린 하나 통한 게 있어 김밥~! 김밥을 좋아하잖아~! 김밥도, 김밥을 좋아하는 마음도, 김밥을 좋아하는 사람들도 좋아해!! **짜옹이** | 개인적으로 김밥 = 완전식품이라고 생각합니다. 김밥 러버들에게 빛이 되어줄 김밥 바이블 출간…! 모두들 도장깨기 파이팅! **신예진** | 뷔페 가서도 김밥을 가지고 와 따가운 눈총과 핀박을 받던 제가 이제는 9만 밥풀이들을 등에 업고 당당하게 살아가려 합니다. 김밥 만세! **리미티** | 김밥대장 촤오. **김세은** | 김밥을 좋아하는 사람으로서 인스타에서 더 많은 김밥을 알고 계신 대장을 알게 되어 기뻤고, 조용하고 댓글도 안다는 밥풀이지만 제가 많이 보고 응원하고 있습니다. 앞으로도 잘 부탁드릴게요 :) **지수** | 어릴 때부터 엄마 김밥이 아닌 김밥은 잘 안 먹었던 것 같아요. 그만큼 김밥은 손맛을 많이 타기도 하고 엄마가 생각나는 음

식이에요. 하지만 김밥집 계정을 따라 만난 김밥들은 언제나 맛있고 엄마 김밥의 자리를 채워줄 수 있었어요♥ 또 무언가 하나에 열정을 바치는 모습이 저의 삶에도 긍정적인 영향을 줬어요. 김밥집 최고! **이예지**

내게 있어 김밥은 짧은 시간, 한 끼 해결하는 데 짧은 시간 한입에 참 맛있는 기쁨이 퍼지는 음식. 바쁜 생활 속에 한 끼라도 우리 엄마가 챙겨주던 예전 맛이 그립다면 김밥이 어김없이 떠오릅니다. 당연한 듯한 밥알의 간, 그 속에 녹아드는 재료들. 어느 하나 정성이 빠진 게 있을까요? 김밥은 정성 그 자체입니다. 많은 지역 속에 녹아든 다양한 김밥. 맛있는 김밥을 찾고 싶다는 제 마음을 대변한 작가님. 김밥 속 다양한 이야기를 잘 담아내실 거라 믿어 의심치않습니다. **Kim.O** │ 김밥집 책 사서 주야장천 찢어질 때까지 읽을 거예요ㅠㅠ 김밥집 책 2편도 가보자고요~ **하지민** │ 나의 사랑 너의 사랑 우리의 사랑 김밥♡ 결혼식이든 무한리필집이든 뷔페 가서 김밥을 집으면 눈치 보였고, 김밥을 좋아하는 건 왠지 촌스럽게만 느껴졌는데 대장 덕분에 이젠 당당해졌어! 김밥은 참 다정한 음식인 것 같아 그치^^ **조소은** │ 김밥을 사랑하는 자들의 바이블이 되기를! **김해랑** │ 밥풀이는 김밥집을 접하기 전과 후로 나뉜다. **뉴니** │ 김밥을 좋아한다면 대한민국을 말아버린 김밥집! 꼭 보시라! **박홍민** │ 초창기부터 쭉 응원하고 있었습니다! 이렇게 꿈을 이뤄가시는 걸 보니 너무나 기분이 좋습니다~! 앞으로도 쭈욱 힘내주시기를! **남궁화랑** │ 김밥계의 잔다르크 대한민국 김밥 길라잡이 전국 김밥 투어의 대리만족 **이윤미**

김밥집님, 삭막했던 세상에서 버둥거리던 저에게 다시 어린시절을 떠올리게 하는 김밥을 다양하게 소개해주셔서 감사합니다. 꾸준히 김밥집을 소개해주시고, 먹음직스러운 사진을 남겨주시고, 솔직한 느낌을 담아주셔서 가보지 못한 곳도 함께 간 것 같은 느낌을 주셨고, 새로운 곳을 찾아갈 수 있는 재미도 주셨어요. 감사하단 말씀 전하고 싶었고, 버킷리스트 이루신 일, 진심을 다해 축하드립니다. 앞으로의 김밥집 투어도 응원하고, 기대하고 있을게요. 작가님과 밥풀이들의 미래에 항상 든든한 김밥과 밥풀길이 쭉 펼쳐지길 바랄게요. 감사합니다. **최수연**

퇴사하는 거부터가 쉽지 않은데 하고 싶은 일하면서 행복하게 살고 있으신 게 너무 멋지고 존경스럽습니다! 저도 버킷리스트를 하나씩 도전하고 싶은 마음이 생기네요 **신승민** │ 벽에 '밥풀' 칠할 때까지 응원합니다. 충성! **윤수빈** │ 누구나 먹어본 그 음식, 아는 맛 김밥. 저는 김밥집으로 인해 흔하디흔한 김밥을 전혀 예상하지 못하게 됐습니다. 늘 한 끼를 '때우기 위해' 사 입에 넣던 하루들이 무색할 만큼, 김밥을 좋아하게 됐어요. **이수정** │ 김밥은 저의 소울푸드인데 이렇게 소개해주셔서 너무 감사합니다 :) 베스트셀러 되실 거예요! **소주0** │ 자신이 하고픈 일을 하고 해내는 모습. 정말 멋져요! 저도 용기 내서 하고 있어요. 우리 모두 파이팅. **지솔링** │ 김밥을 좋아하는 팬으로서 김밥의 진가를 알아본 우리 김밥 대장의 안목에 두 손 벌려 응원합니다. **김현진** │ 김밥으로 성공할지 누가 예상했을까요? 가장 좋아하는 것으로 가장 빛나게 될 김밥 대장을 응원합니다! **호진** │ 김밥집 인별 덕분에 해외 생활 잘 버틸 수 있었어요~ 책 낸 거 너무 축하

하고 앞으로도 김밥 투어는 계속된다, 쭈우욱♥ **김지연** | 40대 아저씨도 gimbapzip은 믿고 따라갑니다. **강길원** | 김밥과 김밥집 모두 너무 애정해요. **이지민** | 평생 하고 싶었던 전국 김밥 맛집 투어! 덕분에 책으로 투어합니다. 저도 함께 김밥 일주합니다! 파이팅. **권미례** | 평생 소울푸드는 떡볶이였는데 서른다섯에 김밥에 빠져버림요. 김밥 러버에 한몫 아닌 열 몫해 주신 김밥으로 해볼 건 다 해주실 김밥 대장님을 응원합니다. 저도 열심히 밥풀이로 성장하겠습니다. **신델라** | 전국 김씨들의 필독도서 **김나연** | 김밥은 예쁘고 맛있어서 참 좋아하는 음식입니다. 하지만 시간이 없을 때나 먹는 음식이라는 선입견이 있었는데 대장이 깨주었어요. 이젠 친구에게 김밥대장의 페이지를 보여주며 다음에 여기 가서 이 김밥 먹어보자며 계획을 세우게 되었습니다. 고마워요, 대장!! **하은실** | 김밥을 먹고 있는 지금도 김밥집을 봅니다. **영** | 제 소울푸드가 김밥인데 아기 낳고 김밥천국에서 참치 먹으며 인스타그램으로 대리만족했어요:> 김밥은 참 들어가는 재료와 공에 비해 저평가받고 있는 것 같아요. 김밥이 제대로 평가받는 그날을 위해♡ 대리만족 우주 부셔. **이슐랭** | 전국의 맛있는 김밥집을 대신 다녀주셔서 감사해요. 저도 조만간 으쌰 하고 애기랑 손잡고 가렵니다! **도담맘** | 누가 제일 좋아하는 음식이 뭐냐고 묻는다면 김밥이라고 말했다. 나만 유독 김밥을 좋아하나 했는데 우연히 발견한 김밥대장님, 김밥을 좋아하는 사람들이 이렇게나 많은지 몰랐다. 김밥집으로 책까지 낸다니 역시 김밥대장 그녀의 멋진 도전을 정말 응원한다. **도빈쓰** | 김밥집을 운영하고 있어요. 인스타 통해 도전받고 돌아보며 장사하고 있습니다. 김밥집의 가이드라인이 되어주는 책이 될 거 같아요. 빨리 보고 싶어요! **김주희**

보석 같은 가게들을 찾아주시고 소개해주신다는 게 얼마나 매력적인지 모르겠어요. 김밥은 사실 사 먹을 때는 잘 몰라요. 그 한입을 만들기 위해 얼마나 많은 공정들이 필요한지. 그 공정들이 얼마나 큰 차이를 만들어내는지 만들어본 사람들은 알 거예요. 그런 귀찮은 공정들로 맛있는 김밥을 만들어주시는 가게를 소개해주셔서 감사합니다:) 여행 갈 때 늘 검색해보게 되고, 덕분에 맛있는 김밥도 맛보게 되네요. 앞으로의 행보에도 큰 응원을 보내는 밥풀이입니다! **조선희** | 책하나 들고 김밥여행을 떠날 수 있다니! 대장님 감사해요ㅠㅠ **정예림 춘천밥풀이** | 사실 김밥이 다 거기서 거기 아니냐 뭐가 다른 거냐, 굳이 찾아가서 먹어야 하나, 라는 말을 들을 때마다 너무 속상했어요. 김밥대장 덕분에 여행이나 일상생활에서 김밥을 먹을 수 있는 명분이 생겼고 덕분에 맛있는 김밥집을 많이 가볼 수 있었어요. 감사합니다. 오래오래 해먹어요. 우리...:-) **익명** | 김밥을 주 7회도 먹어본 밥풀이로 저에겐 최고의 책이 될 것 같습니다. 김밥만큼 알찬 밥은 없다고 보거든요. **송찌** | 밥풀이들을 위한 책을 만들어주셔서 감사합니당. ><♡ 이 책을 통해 전국 김밥 투어 해보고 싶어요!! **시녕** | 지친 일상에 열정이 식어가던 순간 우연히 알게 된 페이지였고 지금은 팬이 되었네요. 덕업일치의 실현이 때론 힘들고 쉽지 않았을 거 같지만 누구보다 행복해 보였어요. 앞으로도 행복해줘요. **김주섭** | 김밥은 나의 소울푸드이며, 나의 영혼을 풍성하게 해줄 김밥책! **이민영** | 이 책을 지도 삼아 전국의 김밥을 모두 정복하는 그날까지 밥풀이 전진! **최지현** | 책에 나온 김밥집 도장깨기 할래요~!! 맛있는 김밥 먹으면 행복한데 이 책은 행복 그 자체:) **이지번** | 버킷리스트 달성! 축하드려요~ 또 다른

김밥 매니아가 응원을 보냅니다! **김성희** | 김밥을 좋아하는 한 사람으로서 김밥을 소개하는 책이 출간되어서 너무나 기쁩니다. 아직 가보지 못한 장소를 태어난 아가와 함께 가보려고 합니다. 이제 김밥은 단순히 급하게 한 끼를 때우는 음식이 아니라 정성이 가득 들어가 있는 한 끼의 식사입니다! **김초원** | 저는 제가 이렇게 김밥에 진심이었다는 걸 김밥집 덕분에 알아버렸어요! 밥풀이어서 너무 행복합니당! 김밥집 만관부~ **신이슬** | 김밥은 쉽게 먹을 수도 있을 수도 있지만 추억도 서린 그런 메뉴죠. 실패 없는 김밥이라는 세계에서도 다양하고 다채로운 모습들을 찾게 해주셔서 감사합니다! 정말 기대가 됩니다:) **신지선** | 김: 김밥대장 없으면, 밥: 밥풀이는 못살아. **김연서** | 김밥의 매력을 많은 사람에게 발산시켜준 김밥대장님 2년간의 전국김밥일주 게시물 보면서 대단하다고 느꼈어요. 멋지구요! 좋은 정보들 진심으로 고마워요♡ 책 출간 축하해요!^♡^ **권민지**

인생에서 정말 엄청 고민하고 자신이 원하는 일을 선택하여 이뤄낸 사람, 너무 멋지십니다! 저도 제가 원하는 일을 하는 것이 1순위지만 막상 현실이 오니 두렵기도 하더라고요. 하지만, 김밥집 계정 덕분에 멋진 모습에 항상 응원을 하고 저도 용기를 많이 얻었습니다! 출간하면 제가 1빠로 살 거니 딱 기다리세요 :D 김밥집 도장깨기 하러 갑니다!! **김윤서** | 어디선가 본 글인데 제자리걸음이 남긴 수많은 발자국은 발자취로 남아 있을 거래요. 김밥대장님의 한 밥풀로서 앞으로의 나날을 응원할 수 있음에 기쁩니다. 앞으로도 수많은 밥풀이의 대장님이 되어주시겠어요? **이서현** | 죽을 때 마지막으로 뭐 먹고 싶어?라는 물음에 "김밥"이라 하면 입맛이 촌스럽다는 등 사람들이 비웃었는데 단순히 좋아하는 김밥으로 대동단결! 밥풀로서 너무 자랑스러워요. 제가 못 가본 김밥집이 너무 많이 있는 것을 알고 다 다녀볼랍니다. 그리고 제가 최애로 생각하는 김밥집들이 올라오거나 랭크되어 있음 제가 사장도 아닌데 뿌듯뿌듯해임! 앞으로도 저희 꾸준하게 봅시다, 책 출간 축하드립니다!!:) **황은지** | 한국 사람이라면 누구나 익숙한 음식 김밥! 그러나 여기 나오는 김밥은 흔한 김밥이 아니고 맛있으면서 새로운 김밥이 많다. 김밥 러버라면 꼭꼭 소장해야 하는 도서!! 강추! **김성연** | 코로나 격리 기간 동안 삼시세끼 김밥만 먹은 내가 선정한 올해 꼭 읽어야 할 도서 목록 TOP1! **강강냉** | 책 들고 얼른 김밥투어할 생각에 기쁩니다ㅎㅎ 김밥 만세 **이주희** | 김밥을 좋아만 했는데 사랑하게 만들어줘서 고마워요! **권혜정** | 김밥은 정말 최고의 음식이라고 맨날 떠들고 다녔는데! 이렇게나 많은 사람이 김밥에 대한 사랑을 공유할 수 있다는 게 넘 행복해요! 김밥집 최고!! **조혜민** | 그동안 김밥투어로 얼마나 큰 도움을 받았는지요. 김밥집의 책을 따라가다 보면 김밥의 무궁무진한 매력 속으로 빠지게 되리라 확신합니다! 기대됩니다. **전하루** | 무궁무진한 김밥을 보면서 사랑하는 사람과의 여행을 꿈꿀 수 있었습니다. 본 책을 지도 삼아 행복한 여행을 떠나고 싶어요. **최달동** | 김밥 좋아하는 한 사람으로서 김밥 관련 책이 나온다니 매우 감동적입니다. 당연 구매각이고요. 앞으로 더 많은 김밥집들을 발굴하시길 바랍니다. 파이팅♡ **김은정** | 김밥집 덕분에 김밥 맛집이 이렇게 많은 줄 처음 알았어요! 오래오래 김밥 맛나게 드셔주세요. **전지맨** | 이 책 한 권 들고 김밥여행 떠난다 반드시! **탁선혜** | 책으로 김밥집 리스트 볼 수 있어 기대 니다. 앞으로도 많은 김밥집 소개 부탁드려요! **강봉귀** | 다 같은 김밥이 절대 아니

다! 불어묵김밥, 오징어김밥, 계란말이김밥. 김밥zip을 알기 전엔 미처 몰랐던 한국 김밥의 세계. 이 책은 엄청난 김밥 패러다임으로 인도할 지도이자 명품 안내서가 되어 줄 것이다. **유정민** | 무료한 일상에 소소한 행복과 목표를 만들어준, 나 자신도 잘 몰랐던 '내가 좋아하는 것'을 발견시켜준 김밥집의 인생을 응원합니다. **조조** | 김밥의 종류는 무수히 많고 맛도 다 다르다. 그렇기에 김밥을 좋아하면 꼭 알아야 될 책! **나연** | 김밥 좀 먹어본 사람은 꼭 봐야 하는 올해의 베스트셀러 **이정태** | 김밥 사전 너무 기대되고 설레네요 >_< 출간되면 바로 구매할게요! **박유진** | 잘 말아줘~ 잘 읽어줘~ **Bobby Kim (한국명 김밥이)** | 드디어 제 김밥 다이어리가 나왔네요! 책 들고 다니면서 136곳 모두 도장깨기 도전하겠습니다. **나혜림** | 다른 건 잘 모르겠고 김밥집 만드시면 그 근처로 이사 가야지~ **김태용**

어쩌면 그냥 평범한 음식일 수도 있는 김밥인데 본인이 좋아한다는 이유만으로 여러 사람에게 도움을 주고 책까지 출간된다니 멋지고 대단합니다. 뭘 해도 끝까지 해내실 것 같은 분 **정민지** | 저도 김밥 참 좋아하는데 직장인이다 보니 전국에 많은 김밥집을 다 못 가봐서 아쉬웠는데 유용한 김밥 맛집 공유 너무 감사드립니다~앞으로 타 지역 여행 갈 땐 소개해주신 김밥집 하나씩 다녀보려고요. **조준영** | 평생을 한 가지 공부만 하다가 현실로 인해 새로운 제2의 인생을 '김밥'으로 정했는데 이렇게 김밥에 대해 진심인 분이 계시기에 오늘도 힘을 내서 나아갑니다. 우리 대한민국 민족 대표 음식! 김밥! 많이 사랑해주세요. 진심으로 감사합니다. **김예원** | 울 대장님 책 출간 축하해요 >.< 대장님 책 잘펴내조~~잘펴내조~~ ('더자두-김밥' 톤으로) **승승장구** | 진심으로 축하드려요! 김밥 러버로서 기쁘고 행복합니다!! 다덜 김밥하세요. **김밥고고** | 아무데나 가면 그냥 김밥이지만 김밥집 인증 김밥이라면 TOP야. **박혜원** | 너무 축하드립니다! 세상 사람들이 이 책을 통해 다양한 김밥을 먹으며 기쁠 때나, 슬플 때나 에너지 얻고 행복했으면 좋겠습니다. **천수빈** | 김밥의 신세계를 알게 해줬어요! 밥푸리가 나만 있는 게 아니었네요~ **최혜정** | 누가 김밥의 미래를 묻거든 고개를 들어 이 책을 보게 하라. **이창로** | 누군가 김밥의 미래를 묻거든 고개를 들어 김밥집을 보게 하라 **지구다님** | 김밥에 미쳐 있는 저로서 부계로 항상 눈팅하는데 책이라뇨! 좋아하는 걸 즐기고 맛보고 이렇게 책으로도 내시다니 진짜 대단하신 거 같아요! 맛있고 즐거운 김밥길 걸으시길! **@banggunajapsusam** | 나이 서른 넘어서 김밥을 좋아한다는 걸 깨달은 사람이에요! 인스타로 제보도 하고 올라온 곳에 가보기도 했어요! 책으로 출간된다니 감동입니다. 꼭 책 구매해서 하나하나 클리어해볼게요. 축하드려요. **로페카맘** | 각자 다른 개성을 가진 재료들이 한데 모이고 어우러지며 한 줄의 김밥이 탄생하는 것처럼, 전국 각지 방방곡곡에 조용히 숨어 있기도 하고 이미 널리 알려지기도 한 김밥집들의 개성을 빠짐없이 찾아낸 @김밥집 계정의 출간을 축하합니다. 앞으로도 김밥탐험대 대장으로 활약 기대하겠습니다. **배재이** | 김밥에 진심인 우리 김밥누나입니다. 전국 모든 김밥을 리뷰하기 위해 노력중이니 함께 응원 부탁드립니다 **차하율** | 한국인의 소울푸드는 역시 김밥이죠! 맛있고 영양 좋은 김밥집들의 부흥을 꿈꾸며, 김밥집 책 출간을 응원합니다. **홍애지** | 죽기 전에 마지막으로 먹고 싶은 음식이 김밥입니다. 죽기 전에 마지막으로 읽고 싶은 책입니다. **최혜지**

김밥을 소울푸드로 생각하고 너무너무 좋아하는데 이렇게 책을 출간하신다니 정말 대단하고 멋지세요. 앞으로도 하고 싶은 거 다 하면서 행복하시길 바라요! 아이폰에 김밥 이모티콘 생기는 그 날까지! **하여란** | 좋아하는 것을 업으로 삼고 없던 길을 개척해나가는 모습이 멋있고 배우고 싶은 부분입니다! 항상 응원할게요 다현님 출간 축하드려요. **신지원** | 주변 친구들에게 김밥을 먹자고 할 때마다 성의 없게 의견 낸다고 거절당했는데 이 책과 함께라면 두려울 것 없이 당당하게 김밥 맛집을 찾아서 먹자고 할 수 있을 것 같아요! 김밥 최고! 대장 최고! **박소명** | 제가 유일하게 팔로우 하고 있는 음식 계정 @gimbapzip. 김밥을 좋아하는 저에게 정말 매력적으로 다가왔고 항상 대리만족을 할 수 있었어요. 선한 영향력까지 나누는 모습에 감동받아 제1회 '김밥순례' 참여했지 뭐예요! 2회도 기대하고 앞으로 김밥순례도 응원해요! 저의 첫 음식 관련 책이 바로 이 책일 것 같아요. 기대돼요! **이유빈** | 김밥을 사랑하는 한 사람으로서 당신의 출간을 응원합니다. **김동하아부지** | 우리나라에서 가장 흔하고 편한 음식이었던 김밥을 특별한 음식으로 만들어주셔서 감사드립니다! 김밥 화이팅!! **김서현** | 우연히 만난 김밥대장의 추천을 보고 김밥 맛집 여기저기 알아보고 있습니다. 눈으로만 봐도 행복하다고 해야 할까요? 타지 생활을 더욱 풍성하게 만들어주는 듯합니다. 감사합니다. **채니** | 김밥집 덕분에 많은 맛있는 김밥을 알게 되었고, 그 김밥을 먹기 위해 수고스럽지만 찾아가는 재미가 생겼어요:) 믿고 먹는 김밥zip. 책 출간 정말 축하드리고 앞으로도 더 번창하시고 행복하세요! 앞으로의 행보도 기대하겠습니다. **이수민** | 김밥 하나로 나와 같은 밥풀이들이 많다는 걸 김밥집님 인스타 보고 느꼈어요. 김밥 열정 하나로 도전하는 김밥집님 멋있어요. 버킷리스트 김밥집 책 출간 축하합니다^^ 김밥집 오픈하면 꼭 먹으러 갈거예요(<-제 버킷리스트) **정혜정** | 김밥을 사랑하고, 김밥투어를 꿈꾸는 전국의 김밥 덕후들에게 길잡이가 되어줄 책이에요! 여행 갈 때마다 유명 김밥집을 찾아다니면서 전국의 김밥을 종류별로 다 먹어봐야겠다고 늘 꿈꿔왔었는데 길잡이가 되어주신 작가님께 너무 감사드려요♡ **송유진** | 이 세상 모든 밥풀이들을 대신해서 방방곡곡 찾아가서 직접 먹어봐 주고 소개해주는 김밥일주… 솔직한 후기와 사진에 홀려 국내여행으로 이끄는 이시대의 참리더 :) 김밥대장 꾸준히 해서 두 번째 책까지 가보즈아! **김민지** | 벌써 베스트셀러의 기운이! 어릴 때부터 밥풀이인데 팔로우하고 리뷰 보면서 하나씩 도장깨기도 해보고 못 가본 곳은 부러워하면서 잘 보고 있는데 출간이라니ㅠㅠ 축하드려요. 고맙습니다. 대장! 사랑아 김밥해~! **손지은**

소풍, 엄마, 운동회로 기억되기 시작해 편의점, 회의, 야근까지. 김밥은 늘 곁에 있지만 꼭 하나쯤 울컥하는 기억을 품고 있습니다. 그래도 알록달록 환한 미소 같은 모양을 보면 "어쨌든 살아가는 행복"이란 이런 것이 아닐까 하는 생각이 들지요. 프랑스인에게 바게트가 있다면 한국인에겐 김밥이 있었습니다. 끼니부터 감동까지, 우리의 김밥을 기록한 책이 말하는 건 한국인의 밥심이 아닐까요? **신지현** | 자신이 좋아하는 일을 열정적으로 해내는 모습이 너무나도 멋있고 닮고 싶어요! **박다정** | 밥풀이 여행길에 또 하나의 동반자가 생겼다♥ 당장 사인회 열어주세요. 옆에서 김밥 말고 있을게요(?) **박어진** | 대장님 덕에 맛난 김밥 많이 먹고 찾아가고 행복했어요. 책 꼭 사서 김밥집 136곳 다 외우고 다 가볼 거예요. 출간 축하드립니다!! **추**

서연 | 전국의 모든 김밥집을 방문할 때까지 계속해서 응원합니다! 김밥순례길 만들어주세요. **남영선** | 내가 알고 있는 김밥이 전부라고 생각하지 않게 만들어준 김밥집! 김밥과 대면대면한 사이였는데 김밥집 덕분에 조금씩 친해지더니 이젠 동네의 숨은 김밥 맛집까지 찾아다니는 새로운 취미까지 생겼어요! 이젠 저도 당당한 밥풀이랍니다. **진유림** | 밥풀이로서 기쁘고 뿌듯합니다! 김밥의 다양성을 알게 해주고 각 집마다 맛과 재료가 다른 것을 알려주며 김밥의 매력에 빠지게 되는 곳! **최연우** | 타지 생활하면서 내가 좋아하는 음식이 김밥이란 걸 알게 되었는데 김밥 책이라니. 좋은 책 출간해주셔서 감사합니다! **유성현** | 구독자 수 200 언저리 시절에 봐서 이렇게 책 출판까지 지켜보다니ㅜ 영광이에요. 전국 모든 김밥 영원하라. **박다은** | 피드를 보면서 직접 찾아 먹어보기도 하고 김밥 처돌이로서 유익한 콘텐츠였는데 책 출간까지 하시다니 저까지 기분이 좋아지는 소식입니다! 진심으로 출간 축하드리고 앞으로도 응원하겠습니다! 파이팅! **황영묵** | 김밥은 포용과 다양성이 담긴 세상 최고의 음식입니다. 김밥 탐구는 세상을 더 아름답게 만드는 길이죠! **심다솜** | 김밥 최고 김밥집 최고! **김지윤** | 주 7회 김밥 흡입 밥풀로서 김밥 책 출간을 진심으로 응원합니다 ;-3 이거 들고 전국 일주 갈 생각에 설레요. **신예성** | 김밥러의 꿈! 김밥대장정을 담은 책이 드디어 세상에 나오네요! 그 집념에 박수를 보내며, 세상에서 김밥 모르는 사람이 없을 그날까지 응원합니다. **단무지의꿈** | 김밥을 먹는다, 보다 추억을 먹는다, 라고 하는 게 더 저에겐 와닿는 음식인데 맛있는 추억들을 모아둔 책이 나온다니 너무 기대되고 설레네요. **이성경** | 김밥여지도는 김밥집으로부터! 앞으로도 김밥을 함께 사랑하겠습니다. **안서후**

언제 먹어도 맛있는 김밥처럼 늘 주변 사람들에게 좋은 영향을 끼치는 사람이 되시길 응원합니다. 대한민국에서 김밥 하면 제일 먼저 떠오르는 사람이 되시고, 수백 년 뒤 교과서에서 김밥의 대명사로서 실리시길 바랍니다. **강승철** | 최고 멋쟁이 김밥쟁이 님 축하드려요! 당장 책 사서 남자친구에게 한 장 한 장 보여주며 김밥 먹자고 생떼 부리고 싶어요. 너무 멋진 어른 같아요. 좋아하는 걸로 성과물을 내다니 너무너무 부러워요! 나도 꼭 김밥일주할 테다! **정다나** | 김밥집님 덕에 제 김밥 인생이 한층 더 풍요롭습니다. 마음을 다해 응원합니다. 진심을 다해 싸랑합니당! >3< **전쎄쎄** | 내 의지로 못할 김밥투어를 해줘서 고마워요 :) 앞으로 돌돌 말린 김밥 많이 맛있게 먹어줘요:D **일산바푸리** | 멋집니다. 앞으로 얼마나 더 멋져질지 기대됩니다. 출간 축하드립니다. **박승민** | 혼자만 김밥을 너무 좋아한다고 생각했는데 나랑 같은 입맛을 가진 사람이 있다는 것에 행복했고 앞으로 도장깨기 하듯 맛있는 김밥집 다닐 생각에 더 행복합니다. 행복하게 해주셔서 감사해요^^ **박정연** | 평소 김밥 별로 안 좋아했는데 저도 모르게 완전 김며들었습니다. 이제 여행 갈 때 김밥집 인스타부터 찾아봐요. 김밥집 추천 김밥은 진리입니다. 맛없었던 곳이 없어요. 앞으로 책 100편까지 연재해주시길 바랍니다. **피라미드** | 내 소울푸드 김밥으로 대동단결 커뮤니티를 만들어 내주신 대장의 책 출간을 축하축하! 멋지고 또 고마워! 앞으로도 김밥집 많이 공유하는 멋진 작가대장이 되어줘웡! **이종희** | 김밥집 덕분에 가본 김밥집이 손으로 셀 수 없어요! 최곱니다♥ **윤민경** | 김밥을 좋아한다고 하면 이상하게 여기는 사람도 있었어요. 그런데 김밥집님의 아카이빙 덕분에 친구들에게 얘기할 수 있게 됐어

요. 여행지에 가서도 가고 싶은 곳으로 김밥집 얘기했어요. 이렇게 김밥이 멋지고 맛있는데 좋아할 수밖에요! 그런 김밥들을 담은 이 책 기대됩니다! **박온누리** | 김밥 좋아하는 사람으로서 너무 잘 보고 있어요, 아는 김밥 맛집들이 늘어나서 얼마나 좋은지 몰라요. 김밥집 책도 파이팅! **익명** | 밥풀이들이 이렇게 응원할 수 있게 해줘서 고마워요♡ 덕분에 김밥에 대한 사랑을 더 표출할 수 있게 됐어요. 알랍 김밥. **정미래** | 으앙! 김밥 책이라니 벌써부터 기대된다오! 항상 우울할 때 인스타 보며 힐링하고 있어요. 대박 나세여 파이팅입니다! 아잣!! **정혜민**

어떻게 보면 도전하기엔 작은 음식인 김밥이라는 메뉴를 사랑해주시고 저희와 공유해주셔서 감사합니다! 김밥집님의 김밥에 대한 믿음이 이런 결과를 낳은 게 아닐까요? 세상의 모든 김밥을 맛보는 그날까지 우리 함께 걸어가요! **김바름** | 김밥을 흠뻑 좋아하는 대장의 모습을 보면 저도 덩달아 행복해져요. 지나가다 김밥집만 보아도 대장이 떠오르니 굉장한 영향력을 지닌 사람이 아닐까요? 무언가 생산적인 일을 해야 한다는 강박에 종종 불안해졌는데, 그래도 내가 좋아하는 일 하나쯤은 맘껏 좋아해도 되겠구나, 대장을 보며 자신감을 얻습니다. 책 출간 진심으로 축하드리고 응원합니다. **강경민** | 난 김밥도 좋고 책도 좋은데 김밥 책이라니. 안 좋아할 수가 없잖아요! **전한진** | 대장 축하해ㅠㅠ 밥풀이들이랑 같이 김밥길만 걷자! **임릴리** | 김밥 하나로 세계를 평정할 김밥집 언제나 왕왕 응원해요! 김밥 맛집, 김밥 레시피, 김밥 어쩌구 저쩌구를 모두 다 김밥집에서 만나볼 수 있길♥ **조지윤** | 나 진짜 추천해준 김밥집 다닐 생각에 벌써 드릉드릉해. 다 가볼거야. **염수빈** | 덕분에 김밥이 내 삶의 일부가 되었습니다! 감사합니다! **최예린** | 김밥 사랑해줘서 고마워! **김나연** | 뷔페 가서도 김밥은 꼭 먹는 김밥 최애 러버입니다, 이런 책과 계정이 있다는 게 너무 행복해요^_^ 전국김밥맛집 공유해주셔서 너무 감사해요. 우리 다 같이 김밥과 함께 행복하자구요. **또뚬** | 넌 정말 멋진 여자야 내 소울푸드 책으로 나온다니. 언제 어디서나 너의 김밥럽, 응원할게. 고마워. 꼭 더 성공해서 밥풀 모임 열어죠!♥ **박밥풀** | 김밥집 덕분에 김밥이 더 좋아졌다. 김밥집 해외 진출까지 기원하며 열심히 김밥 맛집 쫓아다녀 보겠습니다! **기뭉지** | 처음 계정을 발견했을 때 와 나는 왜 이 생각을 못 했지? 하고 아쉬워하던 김밥순이. 하지만 시간이 지날수록 나라면 이렇게까지 열정을 가지고 하지는 못했겠다, 하는 생각이 들어요. 덕분에 좋아하는 김밥을 다양하게 재밌게 구경하고 무엇보다 '쉽게' 찾을 수 있어서 너무 좋아요. 앞으로도 대장님의 김밥집 여정을 응원합니다. **김밥셈** | 저 깁밥집 팔로우하면서 매일 김밥만 싸 먹어요, 김밥에 미친 사람이 되었어요 책임져! **퐁듀** | 어딜 여행가든 여기에 추천된 김밥집은 무조건 꼭 들릴 거예요. 그만큼 다양한 곳에 김밥 맛집이 있는 건 너무 행복! 앞으로도 더 많은 김밥 맛집발견해주세요! **김미수** | 대장님의 책 2년간의 노고가 녹아 있는 전국김밥일주 당장 구매하고 싶네요. 앞으로도 대장님 열렬히 응원하겠습니다. 다음은 일주도 기대하겠습니다. **잔나비아재** | 덕분에 제 지역에 있는 맛집부터 제가 김밥을 사랑하는 것을 깨달았어요. 평생 오래오래 김밥길만 걸어주세요! **찌니**

김밥천국이란 곳이 괜히 유행했던 게 아니다. 김밥은 진정한 천국! 김밥대장님과 천국행 같이 가요♡ **박현**

지 | 김밥을 사랑합니다. 항상 김밥의 정보를 많이 주셔서 도움이 되었는데 이번에 책을 출간하신다고 하시니 기대가 됩니다. 파이팅♥ **임효진** | 김밥집 책이 있으면 좋겠다, 했는데 이렇게 뚜악!! 바로 구매갑니다아. **쏨쏨이** | 나 언제가 될지는 모르겠지만 김밥집 꼭꼭 할 거거든! 그때 대장이 엄지 척 할 수 있게 준비 잘할게. 그러니까 시리즈로 책 계속 내줘야 해! 김밥 브랜드 경쟁 한번 해보자구!ㅋㅋ 대장 출간 축하하고 항상 응원할게. 힘! **MJ** | 김밥대장님 덕분에 방구석 게으름뱅이가 김밥전국투어 하고 싶어졌어요♡하뚜하뚜 **땡민이** | 최애 음식이 김밥인 사람으로서 매일매일 인스타에 올려주시는 김밥들 너무 잘 보고 있습니다!! 앞으로도 김밥 열심히 드셔주세요! **섯열** | 덕분에 맛난 김밥집 투어 많이 다녀왔어요! 지금까지 응원했고 앞으로 더 많이 응원할게요! 당신의 움직임은 참으로 의미 있습니다♡ **임선희** | 김밥러버인데 계정을 알고 나서 정말 세상에는 다양하고 맛있는 김밥이 많이 있구나! 생각했어요. 앞으로도 맛있는 김밥 많이 알려주시면 열심히 따라가겠습니다. 감사해요! **뚜뚜** | 밥풀이 리더의 첫 책입니다. 이걸 다 읽고 나면 코리아 김밥 마스터 가능~ 책 들고 김밥 원정 다녀볼게요! **장문경** | 김밥을 왜 좋아하냐는 질문을 받을 때 대답 없이 보여주는 계정. 좋아하는 거 잔뜩 넣어도 야무지게 어울리는 것처럼 앞으로도 좋아하는 이모저모 가득 담아내 주세요. 파이팅! **손다예** | 김밥 책이라니요! 좋은 건 나누면 배가 된다지요. 느끼는 행복을 나누어 주셔서 감사하고 출간 축하드립니다. 김밥사랑! **김봄과 김밥** | 김밥의, 김밥에 의한, 김밥을 위한 김밥Zip. **gleam_ming** | 김밥은 항상 설렘을 주는 음식이죠. 소풍날 이른 아침 달큰한 김밥 만드는 냄새로도 설렐 만큼 김밥이란 존재는 특별합니다. 그런 특별함을 함께해주는 대장이 있어 어느 동네를 가도 즐겁게 김밥을 찾아볼 수 있어요. 특별함이 있는 특별한 책이 될 겁니다. **곰국** | 김밥계의 한 획을 그어줘서 고마워요! 자, 앞으로도 김밥에 진심인 우리와 무궁무진하게 다해봅시다! **아영** | 항상 맛있는 김밥집 올려주셔서 감사합니다! 추천해주신 곳 다 가보고 싶어요. **김지영** | 내 사랑 김밥을 더 좋아하시는 분이 계시다니! 그 열정에 박수를 보냅니다. 저도 그 열정 배우고 싶어요! 책까지 출간하시고! 책 나오면 꼭 구경할게요! **강수달** | 당신 덕분에 알았어요. 나, 김밥 좋아하네…. **김보라** | 김밥덕후였던 제게 신세계를 선물해주셨습니다! 앞으로의 일주도 기대할게요. **핑** | 오예 책 읽고 아싸 김밥 뿌셔야지! **오닉수** | 대한민국 사람이라면 한 번쯤 먹어본 김밥! 전국 방방곡곡 맛있는 김밥집을 소개해주셔서 감사합니다♡ 김밥 순례자의 길을 따라가겠습니다! **김혜정** | 평소에 열심히 피드 보고 몰래몰래 김밥 탐방 다니는 밥풀이 입니다! 덕분에 김밥 리스트가 가득해졌어요. 앞으로도 많이 올려주세요. 고마워요! **이학현** | 김밥의 시대가 온다! **이채원** | 질리지도 않는 김밥 맛집이랑 이쁘게 김밥 싸는거 배우려다 밥풀이가 돼버렸어요. 잘 말아진 밥풀이 될게요. 파이팅. **김한소율엄마** | 김밥을 향한 열정과 사랑 넘 대단하고 멋져요! 늘 응원합니다♥ 여기 나오는 모든 김밥집 다 가보는 게 목표예요! **나래** | 서로 다른 재료들이 만나 완성되는 맛있는 김밥처럼 당신의 매력들이 모여 멋진 이야기가 만들어지길 바라요. **박지민** | 먹어도 먹어도 질리지 않는 김밥을 김밥집님 덕분에 봐도 봐도 질리지 않는 김밥이 돼버렸어요. 김밥을 폭넓게 볼 수 있도록, 또 맛볼 수 있도록 정보 제공해주셔서 늘 감사하며 앞으로도 응원합니다! **열매어멈**

김밥 안 좋아하는 거, 그거 어떻게 하는 거죠? 김밥에 진심인 사람! 덕분에 전국의 맛집 알게 되어 감사할 뿐. **김수진** | 오늘은 어느 지역의 어떤 김밥이 날 설레게 할까, 매일 기다린다. **잔나큐** | 세젤맛 김밥 전국 김밥 다 먹어보는 그날까지! **꾸미호동** | 다양한 재료가 모여 김밥이 되듯 다양한 김밥 이야기가 책에 모여 왕김밥이 되었다. 대장님! 책 출간 너무너무 축하드립니다! 한국에서 김밥 1인자가 되는 그날까지 파이팅! 항상 응원할게요오오오! **이승호** | 김밥을 좋아하는 사람들이 이렇게 많다는걸 알게 되어 너무 기뻤어요!! 김밥집 덕분에 맛있는 김밥을 많이 알게 되어 행복합니다. 헤헤 ^^* **안혜지** | 김밥집의 전국김밥일주 출간을 축하드립니다. 김밥집 계정을 처음 봤을 때 상당히 흥미로워서 바로 팔로우했던 기억이 있는데 그동안의 노력과 김밥에 대한 애정이 멋진 책으로 빛을 발하네요. 앞으로도 계속해서 전국의 김밥맛집으로 밥풀이들을 인도해주세요. 응원합니다. **크리스** | 정말 기대됩니다. 김밥 하나로 세상을 누비며 자신만의 스토리와 생각을 펼쳐나가는 모습이 멋져요. 한 발자국씩 나아가는 게 늘 순탄하지는 않겠지만, 상처받지 않고 굳건히 나아가셨으면 좋겠어요. 늘 응원합니다. - 김밥집 1호팬 - **박신용** | 김밥을 좋아하는 1인으로써 gimbapzip 너무 사랑합니다. 낯선 동네를 가게 되면 gimbapzip 게시물 보고 맛있는 김밥집 주변에 없나 찾아요! 앞으로도 솔직하고 다양한 리뷰 부탁드려요! 감사합니다 :) **정수연** | 김밥을 좋아하는 사람이라면 필수로 팔로우해야 하는 김밥집 !! 나도 한 김친놈한다지만 이분은 전국구셔요. 후회 없는 선택일 겁니다. **둥이누나** | 김밥을 굉장히 애정하는 사람으로서 항상 잘 보고 있어요! 새벽에 게시물 뜬 거 볼 때마다 김밥집 리스트가 늘어나는ㅎㅎ 앞으로 많은 김밥 맛집 부탁드려요. **조희선** | 이 책을 기준으로 전국 김밥 맛집의 새 역사가 탄생하겠네요. 밥풀이 정복하러 갑니다! **이아름** | 김밥 러버들이라면 꼬옥 필독해야 하는! **이다니** | 김밥 러버 1인인데, 이렇게까지 김밥을 사랑하시는 분이 계실 줄이야~! 정말 대단하고 존경스러워요. 자신이 좋아하는 일을 하시는 그 행동력. 그리고 그걸 공유하면서 파생되는 선한 영향력. 한 수 배우고 갑니다^^ **박선영** | 저처럼 김밥에 미친 밥풀이들이 이렇게 많다는 걸 대장 덕분에 알게 되었어요. 아직도 갈 곳이 많다는 게 행복합니다. 책 꼭 살게요! **보리보리**

한국인을 키운 건 팔할이 김밥이라는 걸~ 육아를 하면서 또다시 깨달았지! 소풍 가는 기쁜 날에도 바쁜 일상에서도 언제나 함께하는 든든한 김밥. 소중한 김밥을 재발견해줘서 고마워. 늘 응원해~ **이은샘** | 저는 김밥을 정말 좋아하지만 김을 못 먹습니다. 꾸준히 김밥집 보며 대리만족 하고 있습니다. 부러워요, 징쳐. **정가인** | 김: 김밥을 정말 좋아하는 우리, 밥: 풀이들을 위한 책 이제, 집:에서 편히 씹고 뜯고 맛보고 즐겨보자. **이훈희** | 여행지에 가면 꼭 김밥 맛집을 찾아보는데 이젠 더 많은 김밥을 맛볼 수 있어서 기대돼요^^ 대장님 촉오. **배선애** | 김밥집님 덕분에 제주여행 중 실패 없이 김밥을 먹었습니다. 남들은 그냥 한 끼 때우는 용으로 먹는 김밥을 '요리'라는 가치 있는 음식으로 만들어주시고 계신 것 같아서 항상 응원하고 감사합니다! 책 출간 축하드리고 앞으로도 방방곡곡 맛있는 김밥집 추천해주세요! **최정원** | 들어가는 속재료로 달라지는 무한매력 김밥!! 이제 여행 필수품 김밥 책. **박밥밥** | 처음엔 호기심으로 구독했는데 어느새 대장이 다녀온 김밥집을 가보고 있었어요. 책 출간 너무 축하드리고 앞으로도 김밥 맛집 많이 발굴해

주세요. **예주** ┃ 제 소울푸드 1위 원탑 김밥♥ 앞으로도 김밥 쳐돌이로서 쩌어기 뒤에서 항상 응원하겠습니다! **윤지공주** ┃ 김밥 먹으며 행복했는데 앞으로 김밥 책 덕분에 더 행복해질 예정입니다. **이연지** ┃ 코로나 이후 국내 이곳저곳을 다니면서 맛집을 찾아가고 있어요! 여행에는 김밥이 빠질 수 없죠! 김밥zip의 어마무시한 큐레이팅 덕에 지역 특색을 살린 김밥 많이 먹게 돼서 너무 행복해용. 앞으로도 잘 부탁드리겠습니닷. **손붕빵** ┃ 진짜 김밥에 진심인 사람의 책 김밥여행 갑시다! **한태범** ┃ 더욱더 맛있는 김밥집 소개해주세용! 피드 볼 때마다 제가 더 행복해지는 것 같아요. **이정준** ┃ 김밥집 계정은 제게 단짝 짝꿍 친구 같은 느낌이에요. 오래오래 옆에 계셔주세요! 응원합니다! **윤성원** ┃ 맛있는 김밥을 늘 편하게 알게 되어서 너무 좋아용. 평생 맛있는 김밥 찾아다녀주세용. **최성빈** ┃ 진짜 최애 음식인데 이렇게 책으로 나온다니 무조건 구매각입니다. 친구한테도 선물해줘야지. **진** ┃ 김밥 여정을 담은 책이라니! 너무너무 멋있자나요>< **최재현** ┃ 외로운 김밥 러버였는데! 김밥이 자꾸 흥해져서 너무 좋아요! 덕분에 전국의 김밥집정보 많이 얻었어요♡ **김밥왕** ┃ 김: 김가네밖에 모르던 내가, 밥: 밥푸리가 되었다. **김밥원정대** ┃ 내 사랑 김밥, 이젠 인스타를 넘어서 이 책 하나면 해결이네요! 김밥 사랑 밥풀이로 뭉치자고요! **옵다** ┃ 우연히 접한 작가님의 김밥일주! 작가님의 행복하고 맛있는 일주에 동행할 수 있어서 저도 너무 행복합니다. 항상 몸 건강하게 앞으로도 힘내서 일주해봐요, 작가님^^ **정유경**

반복되는 지루한 삶 가운데 쉽게 행복을 얻을 수 있는 방법은 좋아하는 음식을 먹는 것이라 생각해요. 그 음식이 우리 주변에서 쉽게 찾을 수 있는 음식이라면 더욱이 우리의 행복은 멀리 있지 않다는 것이 되겠죠? 김밥에 미친 사람들은 이렇게 행복을 찾기 쉽습니다! 전국 곳곳에서의 행복찾기, 대장과 9만 밥푸리들과 함께 떠나봅시다! **조현진** ┃ 김밥을 좋아하는 한 사람으로서 참 감사한 일이다. 뜨거운 열정으로 전국을 유랑하며 김밥을 소개하는 김밥대장! 앞으로 가야 할 모든 곳에 밥풀이들과 새로운 김밥들이 함께하길. **이동건** ┃ 김밥집을 알게 되어 더없이 행복합니다. 여행 계획 속에 늘 김밥집이 있습니다. 이 행복을 많은 이들과 나누고 싶습니다. 행복하세요! 김밥하세요! **최정호** ┃ 대한민국 김밥! 그 이상의 감동을 느낄 수 있는 책! **황인갑** ┃ 김밥은 한 끼 식사의 모든 영양소가 들어 있는 최적의 핑거푸드이다. 그리고 이 책은 모든 김밥집의 바이럴이다. **김밥김씨 28대손 김종진** ┃ 전국지도처럼 차에 싣고 다니면서 전국김밥순례 다닐 거예요! **김성흠** ┃ 김밥을 좋아하는 사람들이 머릿속으로 생각만 하던 일을 직접 발로 뛰며 현실의 결과물로 만들어준 대장의 노고와 실행력에 감사드립니다. **온유람** ┃ 세상에 나와 똑같은 식성을 닮은 사람이 몇이나 존재할까요? 친근하고 수수하지만 재료 하나만 바꾸어도 완전히 다른 맛을 느끼게 하는 김밥이라는 특별한 음식을 위한 여정을 전 세계에서 가장 잘 트렌디하게 표현한 책이라고 생각합니다. :) **지김밥** ┃ 기대돼요! 136곳 다 가보고 싶어요! **박수진** ┃ 누군가에겐 추억이고 또 다른 이에게는 힘이 되어주는 김밥. 집집마다 김치맛이 다 다른 것처럼 누가 만드냐, 각각의 입맛에 맞게 다양한 맛이 생겨날 수 있기에 김밥을 주제로 하는 책도 생기는 거 같아 너무 좋아요! 전국팔도를 누비며 김밥에 진심을 담아주신 밥풀대장님! 항상 건강하시고, 오래오래 새로운 김밥 발굴 해주세요. 응원합니다. **뭉공** ┃ 전국의 수많은 김밥집을 직접 다녀오면서 그걸로 훌륭한 콘텐츠를 만드신 게 정말 멋지고 대단하세요. 저도 냉면투어하면서 전국의 냉면 맛집을 구석구석 찾아다녔었는데, 그보다 훨씬 더 큰 열의와 능력을 가지고 계신 것 같아 부럽습니다. 앞으로도 더 많은 김밥집 알려주시고, 좋은 콘텐츠 기대할게요^^ 언제 기회 되면 냉면 콜라보도 한번 하면 좋겠습니다! 출간 진심으로 축하드립니다!!! **이영준(Milo)** ㅣ김밥덕후로서 대리만족을 물씬 느낄 수 있었어요! **남달리** ㅣ김밥is 뭔들! **이웅애** ㅣ최애음식 김밥 **박동균**

좋아하는 김밥을 알아가기 위해 몇 년간 전국을 헤매더니 그것을 글로 담았구나. 나는 감사한 마음으로 너의 성공을 빈다. **정유성** ㅣ 귀엽고 예쁜 우리 막내딸 멋지다~ **황수자**

용산구, 종로구, 중구

오토김밥 본점 · 68p
싱싱나라김밥 · 70p
바다포찰돌섬 이태원점 · 72p
서하네김밥 · 74p
팔판동꼬마김밥앤토스트 · 76p
교남김밥 · 78p
늘솜김밥 · 80p
모녀김밥 · 82p
원조누드치즈김밥 · 84p
통통김밥 남대문시장점 · 86p
명화당 명동1호점 · 88p
끼니야봉 · 90p
엔돌핀김밥 · 92p

성북구, 강북구

고른햇살 · 94p
호랑이김밥 · 96p
오래누드김밥 · 98p
이공김밥 안암본점 · 100p
라온김밥 · 102p

동대문구, 광진구, 노원구, 성동구

물고기 · 104p
엄마맘약선김밥 · 106p
한아름분식 · 108p
유부김밥 · 110p
해밀칼국수&김밥 · 112p

강서구, 관악구

명동김밥 · 42p
이레김밥 봉천1호점 · 44p
오월의김밥 · 46p
진순자계란말이김밥 · 48p

마포구, 서대문구

샐러마리 · 50p
맛있는집 · 52p
올바른김밥 · 54p
연희김밥 망원점 · 56p
연우김밥 · 58p
보물섬김밥 · 60p
난 · 62p
키친봄날 · 64p
아콘스톨 · 66p

강남구, 강동구, 서초구

무미유미 · 114p
푸드2900 논현시티점 · 116p
루비떡볶이 · 118p
136길육미 · 120p
둔촌김밥 · 122p
골드김밥 방배점 · 124p
유미분 · 126p
서호김밥 · 128p
해남원조김밥 · 130p
웰빙다시마청계산김밥 · 132p

1 명동김밥

✳ "부추달걀말이가 통으로 들어가는 초록 빛깔 김밥" ✳

식당 정보

- 🏠 **주소** 서울 강서구 강서로12길 5-6 1층
- 🚇 **대중교통** 까치산역 2번 출구에서 93m
- ☎ **전화번호** 02-2695-7187
- 🕐 **운영시간** 08:00-19:30 ※ 08:00-19:00 토요일

  ※ 매주 일요일, 월요일 휴무
- 📍 **웨이팅 난이도** 하
- 📋 **주요 메뉴 및 가격** 부추계란김밥 3,000원(추천), 모둠김밥(대) 5,000원
- ✏ **김밥 사이즈** 중간
- 🍱 **속 재료** 김, 밥, 부추계란말이
- 💬 **매장 서비스** 포장 가능
- ▶ **방송 출연** 생활의달인 766회(20.10.05 부추달걀말이김밥)

명동김밥 QR로 보기

까치산 시장의 명물이라고도 할 수 있는 부추계란김밥. 속 재료는 부추달걀말이 하나가 끝인데 달걀의 노란색과 부추의 초록색이 섞여 연두색 색감을 내는 것이 인상적이다. 맛은 부추의 풋풋한 향이 살짝 올라오면서 부드럽게 넘어가는데, 자극적인 맛보다는 담백하고 깔끔하다. 그리고 모둠김밥을 시키면 7가지 맛의 김밥을 한 번에 맛볼 수 있어 좋다. 부추계란말이김밥도 포함되어 있으니 처음 방문이라면 모둠김밥을 추천한다.

 한줄꿀팁 주말에는 웨이팅 필수

고객 리뷰

💬 첫 방문이라면 다양한 김밥들을 한 번에 먹어볼 수 있는 모둠김밥을 추천해요. 가성비 좋아요.

💬 따뜻할 때 먹어야 맛있는 슈렉김밥!

나의 별점
☆☆☆☆☆

맛집 정복 완료!

스티커 or 스탬프

이레김밥 봉천1호점

"전주비빔삼각김밥의 고급버전인 고추장김밥"

식당 정보

주소	서울 관악구 남부순환로246길 31	
대중교통	낙성대역 1번 출구에서 224m	
전화번호	02-878-1144	
운영시간	06:00-22:00 ※ 매주 일요일 휴무	
웨이팅 난이도	하	
주요 메뉴 및 가격	고추장김밥 3,500원(추천)	
김밥 사이즈	중간	
속 재료	김, 고추장양념밥, 깻잎, 계란, 당근, 우엉, 시금치, 햄, 단무지	
매장 서비스	매장 식사 가능, 포장 가능, 배달 가능	
방송 출연	없음	

이레김밥 봉천1호점
QR로 보기

낙성대역 인헌시장 근처에 있는 이레김밥은 김밥 메뉴만 스무 가지가 넘어 골라 먹는 재미가 쏠쏠한 김밥집이다. 그중에서도 사장님이 직접 개발한 고추장 양념으로 밥을 버무린 고추장김밥이 가장 인기가 있다. 편의점에서 판매하는 전주비빔삼각김밥의 고급버전으로도 불리며, 매콤달콤한 밥맛으로 엄청난 중독성을 자랑한다.

 한줄꿀팁 김밥 메뉴만 20가지가 넘어 골라 먹는 재미가 있음

고객 리뷰

- 김밥과 주먹밥 종류만 합쳐도 25가지가 넘어요. 다양한 메뉴들이 있어 좋아요.
- 사장님이 직접 개발한 비빔소스로 양념한 고추장비빔김밥은 꼭 먹어야 하는 메뉴 중 하나예요.

나의 별점
☆☆☆☆☆

맛집 정복 완료!

스티커 or 스탬프

오월의김밥

※ "이건 계란김밥이 아니라 김밥계란" ※

식당 정보

주소	서울 관악구 봉천로 605 102호
대중교통	낙성대역 1번 출구에서 93m
전화번호	02-876-7792
운영시간	08:00-14:00 ※ 매주 월요일 휴무 ※ 재료 소진시 마감
웨이팅 난이도	상
주요 메뉴 및 가격	밥도둑김밥 5,000원(추천), 샐러드김밥 5,000원
김밥 사이즈	큼
속 재료	김, 밥, 계란, 청양고추양념어묵
매장 서비스	포장 가능
방송 출연	없음

오월의김밥 QR로 보기

김밥 덕후들에게는 너무나 유명했던 낙성대역 '소풍가는날'이 '오월의김밥'으로 상호를 바꿨다. 이곳은 포슬포슬한 지단에 매콤하게 양념한 어묵을 넣은 밥도둑김밥과 양상추샐러드가 듬뿍 들어간 샐러드김밥이 유명하다. 입 안에 넣자마자 포슬포슬하고 고소한 달걀 맛이 입안 가득 느껴지는데, 어묵의 매콤함이 부족한 밸런스를 잡아준다(어묵은 혀가 얼얼해질 정도로 꽤 매운 편이다). 달걀은 건조하지 않고 촉촉한 것이 특징이다.

 한줄꿀팁 하루 전날 전화주문 필수

고객 리뷰

- 김밥 포장해서 관악산 정상에서 까먹으면 꿀맛이에요.
- 달걀 좋아하시면 꼭 먹어보세요. 아삭아삭한 샐러드김밥도 맛있어요.

나의 별점
☆☆☆☆☆

맛집 정복 완료!

스티커 or 스탬프

진순자계란말이김밥

"아삭한 무장아찌와 달걀의 운명적 만남"

식당 정보

🏠	주소	서울 관악구 청룡1길 19
🚇	대중교통	서울대입구역 4번 출구에서 470m
☎	전화번호	02-883-1824
🕐	운영시간	08:00-23:00 ※ 매주 일요일 휴무
📍	웨이팅 난이도	하
📋	주요 메뉴 및 가격	계란말이김밥 5,500원(추천)
🏷	김밥 사이즈	작음
🍴	속 재료	계란, 김, 밥, 햄, 단무지, 부추, 무장아찌
💬	매장 서비스	매장 식사 가능, 포장 가능, 배달 가능
▶	방송 출연	맛있는녀석들 120회(17.06.09 김밥)

진순자계란말이김밥
QR로 보기

봉천동에서 시작해 45년의 역사를 이어오고 있는 계란말이김밥 전문점이다. 대표 메뉴인 계란말이김밥은 사장님이 시장에서 장사하던 시절에 실수로 김밥 위에 떨어트린 달걀부침을 같이 먹기 시작한 것에서 탄생했다고 한다. 촉촉하고 부드러운 달걀이 김밥을 감싸고 있는데 고소하면서도 담백한 맛이 일품이다. 분홍 소시지와 단무지, 부추로 채운 김밥은 간이 세지 않아 함께 제공되는 아삭한 무장아찌를 살짝 올려 먹으면 김밥을 더욱 맛있게 즐길 수 있다.

 한줄꿀팁 무장아찌는 하나 더 추가해 듬뿍 곁들여 먹기를 추천

고객 리뷰

- 김밥 맛 자체는 평범하지만 무장아찌 올려 먹는 순간 특별해져요. 무장아찌는 아끼지 말고 듬뿍 올려 먹으세요.
- 달걀물에 바로 말아주는 뜨끈한 김밥을 먹을 때의 그 감동이란!

나의 별점
☆☆☆☆☆

맛집 정복 완료!

스티커 or 스탬프

샐러마리

※ **"은은한 불맛이 느껴지는 아삭한 사과 김밥"** ※

식당 정보

샐러마리
QR로 보기

🏠	주소	서울 마포구 망원로 55-3
🚇	대중교통	망원역 2번 출구에서 773m
☎	전화번호	02-6104-9105
⏱	운영시간	11:00-19:00 ※ 매주 수요일 휴무
👥	웨이팅 난이도	하
📋	주요 메뉴 및 가격	LA김밥 5,500원(추천), 샐러김밥 5,000원
✏	김밥 사이즈	작음
🥘	속 재료	김, 밥, 로메인, 파프리카, 양배추, 단무지, 사과, 닭가슴살
💬	매장 서비스	매장 식사 가능, 포장 가능, 배달 가능
▶	방송 출연	없음

김밥 맛은 유지하면서 칼로리는 가볍게 가져가고 싶다면 이곳을 추천한다. 다이어트식으로도 손색없는 신선하고 건강한 김밥을 판매하는 곳이다. 망리단길에 위치한 이곳은 깔끔하고 아기자기한 카페형 인테리어도 볼거리 중 하나다. 밥 양은 적게 넣고 각종 야채와 닭가슴살, 사과로 가득 채운 김밥인데 파프리카와 양배추는 살짝 토치로 구워내 불맛이 은은하게 느껴진다. 사과 덕분에 약간의 단맛도 맴돌아 특별한 맛을 느낄 수 있다.

 한줄꿀팁   샐러드도 판매

고객 리뷰

💬 통통한 우동면이 들어가는 볶음우동과 바질우동도 유명하니 드셔보세요.
💬 입안 가득 불 향이 느껴지는 김밥. LA김밥은 채소와 닭가슴살이 들어가 다이어터들에게도 좋을 것 같아요.

나의 별점
☆☆☆☆☆

맛집 정복 완료!

스티커 or 스탬프

맛있는집

"바삭하게 튀겨낸 오징어튀김을 넣어주는 김밥"

식당 정보

🏠	주소	서울 마포구 망원로8길 30
📍	대중교통	망원역 2번 출구에서 464m
☎	전화번호	02-326-2134
🕙	운영시간	10:00-22:00 ※ 매주 월요일 휴무
📍	웨이팅 난이도	중
📋	주요 메뉴 및 가격	오징어튀김김밥 6,000원(추천), 떡볶이 5,000원, 순대 9,000원, 튀김(5개) 5,000원
✏	김밥 사이즈	중간
⚙	속 재료	당근, 맛살, 단무지, 계란, 시금치, 우엉, 오징어튀김, 멸치볶음
💬	매장 서비스	매장 식사 가능, 포장 가능
▶	방송 출연	2TV생생정보 924회(19.10.24), 찾아라맛있는TV 661회(15.03.07)

맛있는집 QR로 보기

바삭하게 튀겨낸 오징어튀김이 통째로 들어가는 김밥으로 유명한 곳이다. 한 입 넣자마자 바삭한 식감에 소스라치게 놀라게 된다. 얇게 깐 밥 위에 당근, 맛살, 단무지, 계란, 시금치, 우엉, 어묵, 오징어튀김, 매콤하게 볶은 멸치볶음이 들어간다. 자칫 느끼할 수도 있는 튀김에 매콤한 멸치볶음이 밸런스를 잡아준다. 오징어튀김의 맛이 크게 느껴지진 않지만 씹는 식감만큼은 최고다. 특히 바삭함이 더욱 잘 느껴지는 꼬다리(김밥의 가장자리) 부분은 꼭 사수해야 한다.

 한줄꿀팁 떡볶이, 순대, 튀김 등 모든 메뉴가 맛있는 곳

고객 리뷰

- 매콤달콤한 떡볶이에 갓 튀겨낸 바삭한 튀김까지, 자꾸 생각나는 곳.
- 즉석에서 튀겨낸 오징어튀김을 김밥에 넣어주는데 포장하면 바삭한 식감이 사라져요. 되도록 구입 후 바로 먹기를 추천해요

나의 별점
☆☆☆☆☆

맛집 정복 완료!

스티커 or 스탬프

올바른김밥

※ "속 재료 푸짐하게 넣어주는 쫀득한 연어의 식감" ※

식당 정보

올바른김밥
QR로 보기

주소	서울 마포구 성미산로 200
대중교통	홍대입구역 3번 출구에서 512m
전화번호	02-3142-3681
운영시간	10:00-20:00 ※ 15:00-16:30 브레이크타임 ※ 매주 일요일 휴무
웨이팅 난이도	중
주요 메뉴 및 가격	키토계란연어김밥 8,000원(추천), 키토계란명란김밥 6,000원
김밥 사이즈	큼
속 재료	김, 계란, 연어, 크래미, 어묵, 그린빈
매장 서비스	매장 식사 가능, 포장 가능
방송 출연	없음

연남동에서는 모르는 사람이 없는 김밥집. 수많은 유튜버와 블로거가 다녀간 집이다. 도톰한 연어를 넣고 말아낸 연어김밥으로도 유명한 곳인데, 다이어터들을 위한 키토 메뉴도 있어 많은 사람에게 사랑받고 있다. 밥 대신 통 지단을 넣고 두툼한 연어와 재료를 넣어주는데 푸짐함이 남다르다. 한입 가득 퍼지는 기름진 연어의 풍미와 쫀득한 식감이 어우러져 함께 주는 겨자소스에 듬뿍 찍어 알싸함이 퍼지는 맛을 한번 느껴보길 추천한다.

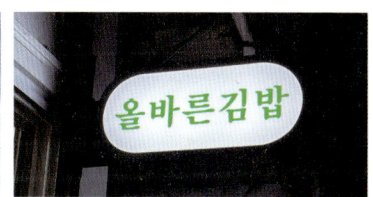

 한줄꿀팁   홍대에서 제일 유명한 김밥집

고객 리뷰

- 연어가 정말 신선해요. 함께 주는 겨자소스가 연어의 기름진 감칠맛을 올려줘요. 고소하고 짭조름한 연어치즈김밥도 추천해요.
- 김밥 메뉴만 34가지라 도장깨기 하는 재미가 있어요.

나의 별점
☆☆☆☆☆

맛집 정복 완료!

스티커 or 스탬프

연희김밥 망원점

※ "자꾸자꾸 생각나는 매콤한 오징어의 유혹" ※

식당 정보

🏠	주소	서울 마포구 월드컵로13길 17
🚇	대중교통	망원역 2번 출구에서 105m
☎	전화번호	02-336-6506
🕐	운영시간	07:00-21:00 ※ 매주 일요일 휴무
👤	웨이팅 난이도	중
📋	주요 메뉴 및 가격	오징어김밥 4,000원(추천), 장조림김밥 4,000원, 연희김밥 3,000원
✏	김밥 사이즈	중간
💲	속 재료	김, 밥, 당근, 단무지, 우엉, 맛살, 오이, 어묵, 계란, 깻잎, 양념오징어
💬	매장 서비스	포장 가능
▶	방송 출연	좋은아침 4519회(15.01.07 김밥)

연희김밥 망원점 QR로 보기

본점이 너무 잘돼 현재는 연희동 근처에만 분점 여러 개를 둔 김밥집이다. 장조림, 산더덕, 고추 등의 재료를 넣어 개성 넘치는 김밥을 만들어 내는 곳으로 이곳에서 제일 유명한 김밥은 오징어김밥이다. 이곳 오징어김밥은 조금 특별한데 삶은 오징어도 진미채도 아닌 반건조 오징어를 매콤하게 양념해 넣는다. 오징어무침은 혀를 강타하는 듯하게 넓게 퍼지는 강렬한 매콤함과 쫄깃한 식감에 씹는 재미가 있다. 이 매콤함은 시간이 지나도 계속 생각나는 중독성이 있다.

 한줄꿀팁 본점(서울 서대문구 연희로11가길 2)

고객 리뷰

- 오징어김밥과 치즈김밥의 조합이 최고예요.
- 오징어꼬마김밥 메뉴도 있는데 한입에 쏙쏙 들어가 재미있게 맛있어요.

나의 별점
☆☆☆☆☆

맛집 정복 완료!

스티커 or 스탬프

연우김밥

✳ "매콤달콤한 양념에 버무린 쫄깃한 명태를 넣은 김밥을 맛보고 싶다면" ✳

식당 정보

🏠	주소	서울 마포구 와우산로 31 101호
🗺	대중교통	상수역 4번 출구에서 32m
☎	전화번호	02-323-0065
🕗	운영시간	07:00-21:30 ※ 07:30-19:30 일요일
👥	웨이팅 난이도	중
📋	주요 메뉴 및 가격	명태김밥 5,000원(추천), 유부김밥 4,500원, 연우김밥 3,500원
📏	김밥 사이즈	큼
🥬	속 재료	김, 밥, 시금치, 당근, 우엉, 계란, 어묵, 깻잎, 단무지, 명태무침
💬	매장 서비스	매장 식사 가능, 포장 가능
▶	방송 출연	모닝와이드 6815회(18.05.14 김밥)

연우김밥 QR로 보기

홍대 근처에서 '연희김밥'만큼 유명한 김밥집이다. 학생들이 아침식사로 자주 찾는 곳이라고 한다. 명태김밥, 꽃나물김밥 등 특별한 메뉴가 있어 방문해본 곳. 빨갛게 양념한 반건조 명태가 듬뿍 들어가는 명태김밥은 쫄깃한 식감과 매콤달콤한 양념맛으로 특유의 감칠맛이 돋보인다. 명태김밥 하면 속초의 '최대섭대박김밥'이 유명하지만 서울에서도 명태김밥을 찾는다면 바로 이곳이다.

 한줄꿀팁 매장 식사도 가능하나, 굉장히 협소해 되도록 포장을 추천

고객 리뷰

- 밥보다 내용물이 많은 푸짐한 김밥이라 좋아요.
- 유부김밥과 명태김밥도 특별한데, 꽃나물이 듬뿍 들어가는 꽃나물김밥은 더 특별해요. 건강하고 담백한 김밥 좋아하시면 한번 드셔보세요.

나의 별점
☆☆☆☆☆

맛집 정복 완료!

스티커 or 스탬프

10 보물섬김밥

※ "망원동 주민들이 좋아하는 숨은 보석 같은" ※

식당 정보

주소	서울 마포구 월드컵로13길 50	
대중교통	망원역 2번 출구에서 299m	
전화번호	02-323-0918	
운영시간	07:00-20:00	
웨이팅 난이도	하	
주요 메뉴 및 가격	장아찌김밥 3,000원(추천), 보물섬김밥 3,500원, 얼큰이김밥 3,500원	
김밥 사이즈	중간	
속 재료	김, 밥, 계란, 맛살, 깻잎, 당근, 무장아찌	
매장 서비스	포장 가능	
방송 출연	식신로드1 204회(14.10.18 김밥)	

보물섬김밥 QR로 보기

망원동 주민들에게는 보물과도 같은 김밥집. 푸짐하게 넣어주는 속 재료와 더불어 비건 옵션도 가능해 인근 주민들에게 많은 사랑을 받고 있는 곳이다. 유부와 우엉을 가득 넣어주는 보물섬김밥은 이곳의 시그니처 메뉴로 장아찌김밥과 함께 비건 메뉴로 변경 가능하다. 첫입은 싱겁다고 느낄 수 있지만 씹으면 씹을수록 은은한 단맛과 고소함이 올라온다. 직접 담은 무장아찌를 넣은 장아찌김밥은 특히나 꼬독꼬독한 무의 식감이 좋았는데, 매일 직접 장아찌를 만들어 사용한다고 한다.

 한줄꿀팁 비건으로 변경 가능한 메뉴(보물섬김밥, 장아찌김밥)

고객 리뷰

- 매운김밥 좋아하시는 분들은 얼큰이김밥 드셔보세요. 얼큰한 매운맛이 올라옵니다. 참치김밥과 얼큰이김밥 조합으로 자주 먹어요!
- 일반 김밥뿐만 아니라 어린이용 꼬마김밥과 마약김밥, 주먹밥도 판매해요.

맛집 정복 완료!

나의 별점
☆☆☆☆☆

스티커 or 스탬프

난

※ "매일 바뀌는 한정식에 곁들이는 새콤한 묵은지말이김밥" ※

식당 정보

주소	서울 마포구 토정로3길 22 지층
대중교통	합정역 7번 출구에서 335m
전화번호	070-8881-5021
운영시간	11:00-19:30 ※ 매주 화요일 휴무
웨이팅 난이도	중
주요 메뉴 및 가격	묵은지말이 5,000원(추천), 오늘의 난 8,000원, 해장라면 4,000원
김밥 사이즈	작음
속 재료	묵은지, 밥
매장 서비스	매장 식사 가능, 포장 가능, 배달 가능
방송 출연	생활의달인 795회(21.04.26 묵은지말이김밥)

난 QR로 보기

소소한 엄마표 집밥이 먹고 싶을 때 자주 방문하는 곳이다. 매일 메뉴가 바뀌는 곳으로 유명한데, 서브로 판매하는 묵은지말이김밥으로 더 유명한 곳이다. 묵은지말이는 다른 재료 없이 심플하게 밥에 새콤한 묵은지가 돌돌 말려 있다. 잘 숙성된 김치와 적당히 찰기 있는 밥이 어우러져 고소하면서도 새콤한 감칠맛이 좋았다. 입맛 돋우기엔 안성맞춤이다. 그냥 묵은지말이김밥만 먹기엔 심심할 수 있으니 라면 혹은 오늘의 난 메뉴에 곁들이는 용도로 추천한다.

 한줄꿀팁 매일 바뀌는 어머니표 밥상 메뉴는 공식 인스타그램 @nan_hapjeong 통해 공지

고객 리뷰

💬 어머니가 해주는 집밥처럼 정갈하고 소박한 한 상이에요. 메뉴도 날마다 바뀌어서 갈 때마다 새로워요.

💬 새콤한 묵은지말이김밥에 해장라면 조합 추천해요.

나의 별점
☆☆☆☆☆

맛집 정복 완료!

스티커 or 스탬프

63

키친봄날

※ "참치김밥이 아니라 김밥참치로 유명한 곳" ※

식당 정보

주소	서울 서대문구 신촌로11길 62 1층
대중교통	신촌역 1번 출구에서 583m
전화번호	02-334-4440
운영시간	11:00-19:30 ※ 매주 일요일 휴무 ※ 14:30-17:00 브레이크타임
웨이팅 난이도	상
주요 메뉴 및 가격	봄날김밥 5,500원(추천), 참치김밥 5,800원(추천)
김밥 사이즈	큼
속 재료	김, 흑미밥, 계란, 비트단무지, 맛살, 오이, 어묵
매장 서비스	포장 가능, 배달 가능
방송 출연	없음

키친봄날
QR로 보기

서울 5대 김밥, 이제는 모르는 사람이 거의 없는 김밥 맛집이다. 부드러운 달걀을 가득 넣은 봄날김밥과 참치 한 캔을 들이부은 것 같은 엄청난 비주얼의 참치김밥으로 유명하다. 특히 참치김밥은 마요네즈에 버무린 참치를 꼬다리(김밥의 가장자리)부분에 듬뿍 올려주는 것이 특징이다. 평소 참치김밥에 들어가는 참치 양에 불만을 한 번쯤 품어본 사람이라면 무조건 만족할 수 있는 곳이다.

 한줄꿀팁 최소 한 시간 전에는 전화 예약 또는 네이버 예약 필수!

고객 리뷰

- 봄날김밥과 참치김밥 반반도 구매 가능해요.
- 참치와 크래미를 듬뿍 올린 유부초밥도 매력 있어요.

나의 별점
☆☆☆☆☆

맛집 정복 완료!

스티커 or 스탬프

아콘스톨

✱ "죽기 전에 꼭 먹어봐야 할 참치밥샌드로 유명한 김밥집" ✱

식당 정보

주소	서울 서대문구 신촌역로 17 1층 110호
대중교통	신촌역 1번 출구에서 167m
전화번호	02-364-1301
운영시간	11:00-21:00 ※ 매주 토요일 휴무
웨이팅 난이도	중
주요 메뉴 및 가격	참치밥샌드 4,000원(추천), 순대떡볶음 3,900원(추천), 참치김밥 4,000원
김밥 사이즈	큼
속 재료	밥, 계란, 스팸, 참치마요, 치즈
매장 서비스	매장 식사 가능, 포장 가능, 배달 가능
방송 출연	없음

아콘스톨 QR로 보기

이렇게 푸짐하게 말아주는 김밥은 처음이다. 만 원 한 장 들고 가면 두 명이서 배터지게 먹고 올 수 있는 곳. 모든 김밥에는 재료가 아낌없이 푸짐하게 들어가는데, 참치밥샌드는 후리카케로 양념한 밥에 달걀말이와 스팸, 치즈, 참치가 듬뿍 들어가 있어 묵직한 주먹밥과도 같다. 순대떡볶음은 무조건 같이 시켜 먹기를 추천하는 메뉴다. 매콤달콤한 소스에 볶아낸 순대가 정말 맛있다.

 한줄꿀팁 양이 정말 많음

고객 리뷰

- 사장님 너무 친절하시고 진심이 느껴지는 정성 가득한 맛이에요.
- 매콤달콤한 순대볶음은 필수예요.

나의 별점
☆☆☆☆☆

맛집 정복 완료!

스티커 or 스탬프

오토김밥 본점

"뉴욕타임즈에 소개된 글로벌 고추냉이김밥의 쩡한 맛"

식당 정보

- **주소**: 서울 용산구 녹사평대로26길 93 스페이스소마빌딩 1층
- **대중교통**: 이태원역 4번 출구에서 361m
- **전화번호**: 02-794-0110
- **운영시간**: 09:00-19:00 ※ 매주 화요일 휴무 ※ 14:30-15:00 브레이크타임
- **웨이팅 난이도**: 하
- **주요 메뉴 및 가격**: 고추냉이김밥 5,000원(추천), 닭강정한마리 18,000원(추천)
- **김밥 사이즈**: 중간
- **속 재료**: 김, 밥, 로메인, 단무지, 오이, 계란, 어묵, 와사비소스
- **매장 서비스**: 포장 가능, 배달 가능
- **방송 출연**: 전지적참견시점 49회(19.04.13), 생활의달인 614회(18.03.12)

오토김밥 본점 QR로 보기

〈생활의달인〉과 〈전지적참견시점〉, 미국일간지 「뉴욕타임즈」에 각각 소개되며 손님들의 발길이 끊이지 않는 곳이다. 이곳의 대표 메뉴인 고추냉이김밥은 특제 고추냉이소스에 어묵볶음과 단무지, 달걀, 오이, 로메인을 듬뿍 넣어 만든다. 코끝이 찡하도록 고추냉이의 알싸함이 올라오는 매력이 있다. 단무지와 오이의 아삭한 식감에 자극적인 맛 없이 깔끔한 맛의 김밥이다. 김밥도 유명하지만 이곳은 닭강정이 맛있기로 소문난 곳이라 꼭 함께 먹어보기를 추천한다.

 한줄꿀팁 전국에 23개의 지점이 있음(검색 후 가까운 곳으로 방문)

고객 리뷰

- 김밥보다 닭강정이 유명한 김밥집. 튀김 반죽이 얇아 파삭거리는 식감에 속살은 촉촉해 중독성이 장난 아니에요.
- 고추냉이김밥을 더 알싸하게 드시려면 고추냉이 추가를 외쳐주세요.

나의 별점
☆☆☆☆☆

맛집 정복 완료!

스티커 or 스탬프

싱싱나라김밥

※ "트렌드 김밥 부럽지 않은 2,500원 추억의 김밥 맛" ※

식당 정보

주소	서울 용산구 효창원로 104
대중교통	효창공원앞역 3번 출구에서 252m
전화번호	02-715-1320
운영시간	07:00-15:00 ※ 매주 일,월 휴무
웨이팅 난이도	상
주요 메뉴 및 가격	싱싱나라김밥 2,500원(추천)
김밥 사이즈	작음
속 재료	김, 밥, 햄, 계란, 당근, 우엉, 시금치, 깨소금
매장 서비스	포장 가능
방송 출연	없음

싱싱나라김밥
QR로 보기

프리미엄 김밥집들이 줄지어 생겨나면서 서울에서 2,000원대 김밥을 보기가 힘들어진 요즘 김밥 가격이 2,500원인 곳을 발견했다. 가격은 저렴하지만, 내용물은 전혀 부실하지 않다. 달걀, 단무지, 우엉, 당근, 햄, 시금치가 밥과 조화를 이루며 빼곡하게 들어가 있는데 여기서 포인트는 깨에 무쳐낸 시금치에 있다. 덕분에 한 입 먹을 때마다 감칠맛과 고소함이 가득 올라오는 김밥으로 할머니가 싸주던 추억의 김밥 맛을 느낄 수 있다.

 한줄꿀팁 한 시간 전 전화주문 필수

고객 리뷰

- 10년 단골인데 입에 넣자마자 녹아내려요.
- 한 줄은 아쉬워서 꼭 두 줄은 기본으로 시키게 되는 곳이에요. 혼자서 두 줄도 거뜬한 양이니 참고하세요.

나의 별점
☆☆☆☆☆

맛집 정복 완료!

스티커 or 스탬프

바다포차돌섬 이태원점

※ "두툼한 숙성 회와 김밥을 함께 먹는 독특한 경험" ※

식당 정보

🏠	주소	서울 용산구 이태원로27가길 54-3 1층
🚇	대중교통	이태원역 1번 출구에서 183m
☎	전화번호	0507-1338-2083
⏰	운영시간	18:00-02:00
👤	웨이팅 난이도	중
📋	주요 메뉴 및 가격	김밥(2줄) 6,000원(추천), 돌섬숙성회한상 73,000원
✏️	김밥 사이즈	중간
🍙	속 재료	김, 밥, 깻잎, 당근, 단무지, 맛살, 계란
💬	매장 서비스	매장 식사 가능, 포장 가능
▶	방송 출연	없음

바다포차돌섬 이태원점
QR로 보기

숙성 회 먹으러 갔다가 김밥 맛에 반하고 온 집. 두툼하고 쫄깃한 숙성 회 맛도 최고였지만, 특별한 재료 없이 투박하게 말아낸 엄마표 김밥 맛에 엄지를 치켜들었다. 김밥 위에 두툼한 숙성 회 한 점을 올려 먹으면 일식집에서 파는 후토마키를 먹는 듯한 느낌이 든다. 고소한 참기름 향도 은은하게 올라와 자꾸 손이 가는 엄마표 김밥 맛이다.

 한줄꿀팁   술 한잔하면서 김밥 먹을 수 있는 곳

고객 리뷰

- 김쏘(김밥에 소주) 하고 싶은 날 방문해보세요.
- 숙성 회 퀄리티가 정말 좋아요. 입안에서 사르르 녹아내립니다. 김밥 위에 하나 올려 와사비 살짝 올리면 끝!

나의 별점
☆☆☆☆☆

맛집 정복 완료!

스티커 or 스탬프

서하네김밥

✽ "날치알이 입안에서 톡톡 터지는 슈팅스타 체험" ✽

식당 정보

🏠	주소	서울 용산구 한강대로 139-1
🚇	대중교통	삼각지역 4번 출구에서 225m
☎	전화번호	02-792-2355
🕐	운영시간	07:00-20:00 ※ 매주 일요일 휴무
📍	웨이팅 난이도	하
📋	주요 메뉴 및 가격	날치알김밥 5,000원(추천), 묵은지김밥 5,000원
✏	김밥 사이즈	큼
⊙	속 재료	당근, 맛살, 단무지, 계란, 햄, 오이, 우엉, 양배추, 날치알, 와사비소스
💬	매장 서비스	매장 식사 가능, 포장 가능
▶	방송 출연	2TV생생정보 924회(19.10.24), 찾아라맛있는TV 661회(15.03.07)

서하네김밥
QR로 보기

방송 출연도 거부하는 삼각지역 김밥 맛집이다. 주문하자마자 김밥을 푸짐하게 말아주시는데 속이 정말 알차다. 밥은 얇게, 속 재료는 아낌없이 넣어준다. 특히 이 집의 시그니처 메뉴인 날치알김밥은 입에 넣자마자 입안 가득 폭죽이 터지는 느낌이다. 날치알에 오이, 당근, 우엉의 아삭한 식감이 더해져 마치 오케스트라 연주회를 입안에서 연 듯한 착각까지 일으킨다. 재료의 조화도 좋고 살짝살짝 올라오는 와사비소스도 김밥을 맛있게 만드는 비법인 듯하다.

 한줄꿀팁 더욱 알싸한 맛을 원한다면 와사비소스 추가

고객 리뷰

- 알록달록한 채소를 듬뿍 넣어 색감의 조화가 좋아요. 보기에도 좋고 먹기에도 좋고!
- 묵은지는 사장님께서 직접 담갔다고 해요. 깊은 감칠맛이 남달라요.

나의 별점
☆☆☆☆☆

맛집 정복 완료!

스티커 or 스탬프

팔판동꼬마김밥앤토스트

"경복궁 근처 어묵조림이 특별한 팔판김밥"

식당 정보

주소		서울 종로구 팔판길 36 1층
전화번호		02-3210-2554
운영시간		09:00-19:00 ※ 매주 월요일 휴무
웨이팅 난이도		하
주요 메뉴 및 가격		김치참치김밥 5,000원(추천), 팔판김밥 4,000원(추천), 팔판토스트 2,500원
김밥 사이즈		중간
속 재료		김, 밥, 김치, 참치, 어묵, 계란, 당근, 단무지, 맛살, 햄, 오이
매장 서비스		매장 식사 가능, 포장 가능
방송 출연		없음

팔판동꼬마김밥앤토스트
QR로 보기

구독자의 제보를 받고 찾아간 경복궁 근처의 한 김밥집으로 블로그 리뷰 50개도 없는 동네의 숨겨진 맛집이다. 김밥뿐만아니라 즉석에서 구워주는 토스트도 판매하고 있다. 재료가 정말 푸짐하게 들어가는데 그 중에서도 간장에 윤기나게 졸여낸 어묵조림이 특별하다. 달콤짭조름한 어묵과 풍성한 계란이 어우러져 내는 전체적인 김밥의 밸런스가 훌륭한 곳이다. 팔판김밥은 자극적이지 않은 기본 김밥 맛인 반면 김치참치김밥은 강렬하다. 김치의 시원하고 아삭한 식감과 함께 참치의 고소함까지 입안 가득 풍성하게 느껴진다. 취향에 따라 고르면 되는데 사실 둘 다 다른 매력으로 맛있다.

 한줄꿀팁 근처에 경복궁 있음

고객 리뷰

💬 김밥과 함께 토스트도 먹을 수 있어서 좋아요. 매장 식사시에는 뜨끈한 어묵 국물이 무한리필입니다!

나의 별점
★★★★☆

··· 맛집 정복 완료! ···

스티커 or 스탬프

19 교남김밥

✳ "씹으면 씹을수록 감칠맛이 올라오는 특별한 김밥" ✳

식당 정보

교남김밥
QR로 보기

주소	서울 종로구 경교장길 35 경희궁자이 3단지 상가 1층 3116호
대중교통	서대문역 3번 출구에서 313m
전화번호	02-723-2200
운영시간	08:30-21:00 ※ 15:00-16:00 브레이크타임
웨이팅 난이도	하
주요 메뉴 및 가격	궁중더덕김밥 6,900원(추천), 교남오징어볶음(소) 19,000원(추천)
김밥 사이즈	중간
속 재료	김, 밥, 당근, 우엉, 단무지, 계란, 깻잎, 더덕
매장 서비스	매장 식사 가능, 포장 가능, 배달 가능
방송 출연	없음

서대문에 위치한 숨은 김밥 맛집. 깔끔하고 담백한 김밥 맛으로 동네 주민들에게 인기 있는 곳이다. 이곳의 시그니처 메뉴는 지단이 푸짐하게 들어가는 교리교남김밥과 더덕이 아삭하게 씹히는 더덕김밥이다. 더덕김밥은 더덕 특유의 향이 강하지 않고 아삭한 식감만 남아 누구나 거부감 없이 즐길 수 있는 맛이다. 씹으면 씹을수록 나오는 건강한 감칠맛이 특별한 김밥이다. 매콤달콤하게 볶아낸 오징어볶음도 김밥과 먹으면 환상의 궁합! 선도 좋은 오징어를 사용해 쫄깃하고 부드럽다.

 한줄꿀팁 달걀이 푸짐하게 들어가는 교남교리김밥이 베스트 메뉴!

고객 리뷰

- 가격은 다른 곳보다 조금 비싼 편이지만, 재료의 깊은 맛이 진하게 느껴지는 김밥이에요.
- 김밥에 매콤달콤하게 볶아낸 오징어볶음을 올려 먹으면 정말 잘 어울려요.

나의 별점
☆☆☆☆☆

맛집 정복 완료!

스티커 or 스탬프

늘솜김밥

"숯불에 직접 구운 고기를 꽉 채운 김밥"

식당 정보

주소	서울 종로구 삼일대로17길 50 1층
대중교통	종각역 4번 출구에서 168m
전화번호	02-734-9088
운영시간	08:00-14:00 ※ 매주 토요일,일요일 휴무
웨이팅 난이도	하
주요 메뉴 및 가격	숯불불고기김밥 4,300원(추천), 숯불제육김밥 4,300원
김밥 사이즈	중간
속 재료	김, 밥, 단무지, 계란, 당근, 부추, 우엉, 유부, 숯불불고기
매장 서비스	포장 가능, 배달 가능
방송 출연	없음

늘솜김밥 QR로 보기

이름 그대로 숯불향 가득한 김밥으로 유명하다. 종각역 근처 젊음의 거리 한편에 남자 사장님 혼자서 운영하는 정말 작은 숨은 김밥집이다. 숯불불고기와 숯불제육이 인기인데 불향을 더욱 진하게 느끼려면 숯불불고기 김밥을 추천한다.
불고기에서 나오는 진한 숯향과 폭신한 유부의 식감이 만나 누구나 맛있게 먹을 수 있다.

 한줄꿀팁 운영시간이 짧으니 오전에 일찍 방문하기를 추천

고객 리뷰

- 숯불이라는 이름처럼 김밥에 불향이 가득해요.
- 고기의 누린내 없이 깔끔하고 담백한 맛이 좋았어요. 씹으면 씹을수록 고소함이 올라와요.

나의 별점
☆☆☆☆☆

맛집 정복 완료!

스티커 or 스탬프

21 모녀김밥

"광장시장에서 50년 동안 자리를 지킨 마약김밥 원조의 격"

식당 정보

🏠	주소	서울 종로구 창경궁로12길 10 모사 31호
🗺️	대중교통	종로3가역 8번 출구에서 453m
☎️	전화번호	02-2264-7668
🕐	운영시간	09:00-22:30
👥	웨이팅 난이도	하
📋	주요 메뉴 및 가격	꼬마김밥 3,000원(추천), 유부초밥 3,000원
✏️	김밥 사이즈	작음
🍙	속 재료	김, 밥, 단무지, 당근, 단무지, 부추
💬	매장 서비스	매장 식사 가능, 포장 가능, 배달 가능
▶️	방송 출연	없음

모녀김밥
QR로 보기

빈대떡, 육회, 순대 등 다양한 먹거리와 볼거리가 있는 광장시장에서 50년 동안 자리를 지킨 마약김밥 전문점이다. 마약김밥을 파는 수많은 집 중에서도 제일 오래된 곳이라고 한다. 이곳의 마약김밥은 젓가락이 따로 필요 없다. 이쑤시개로 콕 찍어 겨자소스에 푹 찍어 먹으면 된다. 코끝이 찡해지는 알싸함에 고소함까지 더해져 어느 순간 한 접시를 순삭하게 된다. 진짜 마약김밥이 맞다!

 한줄꿀팁 광장시장 메인거리에 2호점 있음

(광장시장 대표 먹거리인 떡볶이, 빈대떡, 육회도 함께 맛볼 수 있다)

고객 리뷰

- 바삭한 빈대떡과 떡볶이는 꼭 함께 곁들어 먹어요.
- 겨자소스에 푹 담가 먹으면 그 맛이 최고예요. 역시 마약김밥 원조 맞네요!

나의 별점

☆☆☆☆☆

맛집 정복 완료!

스티커 or 스탬프

원조누드치즈김밥

22

✽ "유튜버들이 사랑한 광장시장 필수 방문 코스" ✽

식당 정보

🏠 주소	서울 종로구 창경궁로 88 광장시장 내 41호
🚇 대중교통	을지로4가역 4번 출구에서 223m
☎ 전화번호	010-3164-1145
🕐 운영시간	05:30-19:30 ※ 매주 일요일 휴무
📍 웨이팅 난이도	상
📋 주요 메뉴 및 가격	잡채김밥 4,000원(추천)
✏ 김밥 사이즈	작음
🍱 속 재료	밥, 김, 치즈, 맛살, 단무지, 어묵, 햄, 잡채, 고추장아찌
💬 매장 서비스	매장 식사 가능, 포장 가능
▶ 방송 출연	놀라운토요일 114회(20.06.27 잡채김밥)
	생방송오늘저녁 1185회(19.11.04 잡채김밥)

원조누드치즈김밥
QR로 보기

광장시장 필수 먹거리 중 하나로 꼽히는 김밥집이다. 즉석에서 투박하게 말아주는 누드김밥은 어딘가 모르게 엉성하지만, 위로 듬뿍 올려주는 참치와 한 켠에 반찬처럼 놓아주는 잡채가 독특하다. 어묵 옆 작은 셀프바에는 매콤한 고추절임과 간장이 놓여 있는데 이 두 가지를 활용하면 이곳의 김밥을 더욱 맛있게 즐길 수 있다. 김밥 위에 고추절임 살짝 올려 먹거나 간장에 살짝 찍어 먹으면 좋다. 뜨끈한 어묵 국물도 셀프니 함께 먹기를 추천한다.

 한줄꿀팁 항상 웨이팅 많음

고객 리뷰

💬 사장님이 직접 만든 고추절임을 잡채에 넣어 비벼 먹어도 맛있어요.

나의 별점
☆☆☆☆☆

맛집 정복 완료!

스티커 or 스탬프

통통김밥 남대문시장점

✳ "청와대에서도 주문한다는 진짜 통통한 김밥" ✳

식당 정보

- **주소**: 서울 중구 남대문시장2가길 6-13
- **대중교통**: 회현역 5번 출구에서 152m
- **전화번호**: 02-3789-4834
- **운영시간**: 07:00-16:00 ※ 07:00-15:00 토요일 ※ 매주 일요일 휴무
- **웨이팅 난이도**: 상
- **주요 메뉴 및 가격**: 매운오뎅김밥 4,000원(추천), 불오징어김밥 5,000원(추천), 멸치김밥 4,000원
- **김밥 사이즈**: 큼
- **속 재료**: 김, 밥, 우엉, 당근, 오이, 단무지, 햄, 계란, 양념어묵
- **매장 서비스**: 포장 가능, 배달 가능
- **방송 출연**: 생방송오늘저녁 1398회(20.09.11 대왕김밥)

통통김밥 남대문시장점 QR로 보기

남대문시장에 위치한 작은 김밥집이다. 청와대 납품 김밥으로 유명세를 탄 곳으로 평일 낮에 가도 30분 이상은 기다려야 김밥을 살 수 있다. 가격 대비 푸짐한 재료가 아낌없이 들어가는 것이 특징이라면 특징이다. 모든 메뉴가 골고루 인기 있지만 그중에서도 매콤하게 양념한 매운오뎅김밥과 불오징어김밥이 인기가 좋다. 자극적이지 않고 은은하게 올라오는 매운맛이 매력적이다.

 한줄꿀팁   2호점(남창동 168-21)

고객 리뷰

- 이곳은 속 재료가 푸짐하게 들어가서 좋아요.
- 항상 30분 이상은 기다리는 것 같아요. 웨이팅은 각오하고 가셔야 해요.

나의 별점

☆☆☆☆☆

맛집 정복 완료!

스티커 or 스탬프

명화당 명동1호점

"유부초밥과 김밥의 경계에 있는 독특한 밥맛"

식당 정보

명화당 명동1호점 QR로 보기

🏠	주소	서울 중구 명동4길 30 2층
📍	대중교통	명동역 6번 출구에서 244m
☎	전화번호	02-777-7317
🕐	운영시간	09:00-22:30
👥	웨이팅 난이도	하
📋	주요 메뉴 및 가격	명화당김밥 4,000원(추천)
✏	김밥 사이즈	작음
ⓒ	속 재료	김, 밥, 단무지, 햄, 오이, 당근, 계란
💬	매장 서비스	매장 식사 가능, 포장 가능, 배달 가능
▶	방송 출연	없음

코로나로 많은 가게가 폐업한 명동거리에 40년간 자리를 지킨 명동의 오래된 분식집이다. 여러 가지 음식을 판매하는 분식집인데, 이곳의 특별함은 김밥에 들어가는 밥에 있다. 밥은 초밥처럼 새콤달콤하기도 하면서 고소한 참기름 향이 올라오는 독특한 맛이다. 밥알이 서로 달라붙지 않고 입안에서 새콤달콤하게 흩어지는데 먹으면 먹을수록 중독되는 신기한 김밥이다.

 한줄꿀팁 이연복 셰프가 추천한 맛집

고객 리뷰

- 새콤달콤한 소스에 버무린 쫄면은 꼭 먹어보세요. 이곳은 특이하게 나물이 들어가요. 쫄면 먹고 남은 양념에 밥을 비벼 먹어도 맛있어요.
- 명동에 오면 꼭 찾는 추억의 분식집이에요.

맛집 정복 완료!

나의 별점   스티커 or 스탬프

☆☆☆☆☆

끼니야봉

"인근 주민들의 든든한 한 끼를 책임지는 푸짐함의 끝판왕"

식당 정보

주소	서울 중구 충무로5길 11 기영빌딩 1층
대중교통	을지로3가역 9번 출구에서 55m
전화번호	070-8285-6280
운영시간	07:00-19:00 ※ 매주 토요일,일요일 휴무
웨이팅 난이도	중
주요 메뉴 및 가격	참치땡초김밥 5,500원(추천), 묵은지참치김밥 5,500원, 꼬시래기김밥 5,500원
김밥 사이즈	중간
속 재료	김, 밥, 깻잎, 참치, 고추장아찌, 계란, 우엉, 당근, 어묵, 단무지
매장 서비스	포장 가능, 배달 가능
방송 출연	없음

끼니야봉 QR로 보기

밥은 얇게 깔고 속 재료를 빈틈없이 꽉 채운 푸짐함으로 주변 직장인들에게 인기가 많은 곳이다. 5,000원이 넘는 가격대가 전혀 아깝지 않다는 말이 절로 나오는 크기와 묵직함이다. 묵은지참치김밥과 참치땡초김밥이 베스트 메뉴인데 참치를 터질 듯이 가득 넣어주는 것으로 유명하다. 모든 땡초김밥에 들어가는 사장님표 고추장아찌는 김밥에 얼큰한 맛을 추가해줘서 인기가 많다.

 한줄꿀팁 최근 생연어김밥도 출시함

고객 리뷰

- 다이어터들에게 이곳의 키토김밥은 그저 빛입니다. 속 재료가 푸짐하게 들어 있어 먹고 나서도 든든해요.
- 이곳은 일반 김밥보다 고추장아찌가 든 땡초김밥을 더 추천해요. 개운하게 매콤해서 좋아요.

나의 별점

☆☆☆☆☆

맛집 정복 완료!

스티커 or 스탬프

26 엔돌핀김밥

"퀴노아 밥으로 만든 꼬마김밥"

식당 정보

🏠	주소	서울 중구 장충단로13길 43
📍	대중교통	동대문역사문화공원역 14번 출구에서 299m
☎	전화번호	02-744-2881
🕐	운영시간	07:30-19:30 ※ 매주 일요일 휴무
📍	웨이팅 난이도	하
📋	주요 메뉴 및 가격	닭가슴살퀴노아김밥 4,500원(추천)
✏	김밥 사이즈	작음
Ⓢ	속 재료	김, 퀴노아밥, 닭가슴살, 깻잎, 단무지, 당근
📝	매장 서비스	매장 식사 가능, 포장 가능, 배달 가능
▶	방송 출연	생방송투데이 1942회(17.08.21 소스김밥)

엔돌핀김밥 QR로 보기

1971년 광장시장에서 시작된 꼬마김밥집으로 제때 식사를 할 수 없는 상인들을 위해 한입에 간편하게 먹을 수 있도록 작은 사이즈로 만든 김밥이다. 메뉴는 일반 마약김밥부터 닭가슴살, 날치알, 멸치, 참치로 다양하다. 특히 다른 곳과는 다르게 김밥의 밥을 퀴노아 밥으로 사용해 고급스러움과 건강함이 느껴진다. 꼬마김밥은 사장님이 직접 만든 알싸하고 상큼한 겨자소스에 찍어 먹으면 더욱 맛있게 즐길 수 있다.

 한줄꿀팁 모둠김밥은 엔돌핀의 모든 메뉴를 한번에 맛볼 수 있음

고객 리뷰

💬 다른 꼬마김밥과는 다르게 퀴노아 밥으로 만들어 더 건강함이 느껴져요.
💬 꼬마김밥도 유명하지만, 한입 사이즈의 참치유부초밥도 유명하니 함께 시켜서 드셔보세요.

나의 별점
☆☆☆☆☆

맛집 정복 완료!

스티커 or 스탬프

고른햇살

※ "고슬고슬한 흑미밥으로 만든 고소한 참치김밥" ※

식당 정보

🏠	주소	서울 성북구 개운사길 14
🚇	대중교통	안암역 2번 출구에서 94m
☎	전화번호	02-953-3394
🕐	운영시간	06:30-23:30
👥	웨이팅 난이도	중
📋	주요 메뉴 및 가격	참치김밥 4,000원(추천)
✏️	김밥 사이즈	큼
🍴	속 재료	김, 흑미밥, 우엉, 오이, 당근, 햄, 단무지, 계란, 참치, 마요네즈
💬	매장 서비스	매장 식사 가능, 포장 가능
▶	방송 출연	없음

고른햇살 QR로 보기

고려대 근처에는 유명한 김밥집이 많다. 그중 하나인 이곳은 흑미밥으로 만든 두툼한 참치김밥과 모짜렐라치즈를 듬뿍 올려주는 치즈라볶이로 유명한 곳이다. 푸짐한 양에 가격까지 착해 학생들과 주민들에게는 사랑방 같은 곳이기도 하다. 밥 양은 적게 넣고 나머지를 참치로 가득 채웠다. 참치의 고소한 맛이 진하게 올라와 참치김밥을 좋아하는 사람에게는 최고의 김밥집이다.

김밥 외에도 치즈를 듬뿍 뿌려주는 치즈라볶이, 토종순대 등 메뉴가 다양하다.

 한줄꿀팁   한양대 '푸른햇살'과 형제가게

고객 리뷰

- 김밥과 함께 치즈라볶이는 필수 주문 메뉴예요. 치즈를 아낌없이 듬뿍 뿌려줘요.
- 이곳은 순대도 유명해요. 일반 찹쌀순대도 있지만 토종순대 맛이 기가 막혀요.

나의 별점
☆☆☆☆☆

맛집 정복 완료!

스티커 or 스탬프

28 호랑이김밥

"가수 폴킴도 사랑한 쫀득한 프리미엄 김밥"

식당 정보

주소	서울 성북구 성북로 18
대중교통	한성대입구역 5번 출구에서 166m
전화번호	02-928-3454
운영시간	10:00-19:00 ※ 매월 둘째주 월요일 휴무
웨이팅 난이도	중
주요 메뉴 및 가격	박고지김밥 7,000원(추천), 전복톳나물김밥 10,000원
김밥 사이즈	큼
속 재료	김, 흑미밥, 박고지, 계란, 오이지
매장 서비스	포장 가능
방송 출연	전지적참견시점 103회(20.05.09 톳김밥)
	생방송오늘아침 3203회(19.04.26 박고지김밥)

호랑이김밥
QR로 보기

MBC 예능프로그램 〈전지적참견시점〉에서 가수 폴킴이 즐겨 먹는 김밥으로 유명해졌다. 7천 원에서 1만 원대의 높은 가격대를 가진 프리미엄 김밥집으로 꽃등심불고기김밥부터 박고지김밥, 전복톳나물김밥 등 귀한 재료를 넣어 만드는 특별한 김밥을 맛볼 수 있는 곳이다. 약 간장과 매실 조청으로 졸여낸 박나물, 도톰하게 부쳐낸 달걀, 초절임한 오이장아찌가 들어간 박고지김밥은 수많은 마니아를 보유한 이곳의 시그니처 메뉴이기도 하다. 특제 겨자소스에 푹 찍어 먹으면 새콤달콤한 맛이 일품이다.

 한줄꿀팁 포장 후 북악산 트레킹 추천!

고객 리뷰

- 서울에서 박고지김밥을 먹을 수 있는 곳이라 소중해요. 박고지김밥 말고도 꽃등심김밥, 전복김밥 등 프리미엄 김밥들이 많아요.
- 흑미밥으로 싸주는 충무김밥도 매력 있어요. 곁들여 먹는 오징어무침과 아삭한 섞박지가 최고예요.

나의 별점

☆☆☆☆☆

맛집 정복 완료!

스티커 or 스탬프

오래누드김밥

"맛, 양, 가성비로 여대생들 마음을 사로잡은"

식당 정보

주소		서울 성북구 동소문로26길 20
대중교통		성신여대입구역 1번 출구에서 362m
전화번호		02-959-9990
운영시간		09:00-18:30
웨이팅 난이도		하
주요 메뉴 및 가격		누드오래김밥 3,000원(추천), 누드계란말이김밥 4,000원(추천)
김밥 사이즈		중간
속 재료		밥, 김, 어묵, 계란, 맛살, 햄, 당근, 단무지, 치즈, 참치
매장 서비스		매장 식사 가능, 포장 가능, 배달 가능
방송 출연		없음

오래누드김밥
QR로 보기

참치김밥을 좋아한다면 무조건 극호(극도로 호감)를 외칠 수 있는 김밥집. 근처 학생들에게는 참치를 듬뿍 올려주는 푸짐함과 한 줄에 3,000원이라는 저렴한 가격으로 사랑받는 곳이다. 김밥 한 줄에 5,000원이 넘어가는 요즘 3,000원이라는 가격대가 놀랍다. 이곳의 김밥은 모두 누드김밥 형태로 말아주는데, 모든 김밥에는 치즈와 참치를 듬뿍 넣어준다. 누드오래김밥은 시그니처 메뉴로 함께 주는 수제 고추간장에 찍어 먹거나 고추를 하나씩 올려 먹으면 더 맛있게 먹을 수 있다.

 한줄꿀팁 방문 전 전화 필수(영업시간이 일정하지 않음)

고객 리뷰

💬 정말 푸짐한데 가격도 저렴해요. 성신여대생들의 단골 김밥집이에요.
💬 노란색 치즈 한 장 얹은 매콤달콤한 라볶이와 계란말이김밥의 조합은 최고예요.

나의 별점
☆☆☆☆☆

맛집 정복 완료!

스티커 or 스탬프

이공김밥 안암본점

✳ *"한입에 다 안 들어가는 참치로 폭탄 맞은 김밥"* ✳

식당 정보

🏠	주소	서울 성북구 안암로 61-6
🚌	대중교통	안암역 4번 출구에서 460m
☎	전화번호	02-926-0005
🕐	운영시간	09:00-22:00 ※ 10:00-22:00 대학교 방학기간
		※ 매주 월요일 휴무 ※ 브레이크타임 15:00-16:00
	웨이팅 난이도	중
	주요 메뉴 및 가격	참치폭탄김밥 5,500원, 콘참치김밥 5,500원(추천)
	김밥 사이즈	큼
	속 재료	당근, 단무지, 우엉, 계란, 햄, 참치, 마요네즈
	매장 서비스	매장 식사 가능, 포장 가능, 배달 가능
	방송 출연	생방송오늘저녁 1304회 (20.04.23 참치폭탄김밥)

이공김밥 안암본점
QR로 보기

이공김밥은 꼭 가보고 싶었던 곳이다. 참치김밥은 어느 김밥집에서나 파는 메뉴지만, 이렇게 많은 참치를 넣어주는 곳은 처음 봤다. 기름을 쏙 뺀 참치를 마요네즈에 따로 버무리지 않고 넣어준다. 그냥 먹었을 때 퍽퍽한 느낌이 강한데, 접시 한쪽에 듬뿍 짜주는 마요네즈를 듬뿍 올려 먹기를 추천한다. 완벽한 참치김밥 완성이다.

 한줄꿀팁 참치의 퍽퍽함이 싫은 분들은 콘참치김밥을 추천

고객 리뷰

💬 참치김밥에 들어가는 참치는 기름기 쏙 뺀 참치예요. 마요네즈를 충분히 주지만, 조금 퍽퍽할 수 있어요.

나의 별점
☆☆☆☆☆

··· **맛집 정복 완료!** ···

스티커 or 스탬프

라온김밥

✳ "즉석떡볶이와 조화로운 아삭아삭한 새싹의 맛" ✳

식당 정보

🏠	주소	서울 강북구 오현로32길 4-8
☎	전화번호	02-989-4309
🕐	운영시간	09:00-19:30 ※ 15:00-16:00 브레이크타임(토요일 해당 없음)
		※ 매주 일요일 휴무
📍	웨이팅 난이도	중
📋	주요 메뉴 및 가격	새싹김밥 4,500원(추천), 해초김밥 5,500원(추천),
		즉석떡볶이(1인분) 8,000원(추천)
✏	김밥 사이즈	큼
🍱	속 재료	김, 밥, 양상추, 계란, 새싹, 당근, 비트단무지
💬	매장 서비스	매장 식사 가능, 포장 가능
▶	방송 출연	없음

라온김밥
QR로 보기

분식에서 최고의 조합을 말하라고 하면 떡볶이와 김밥을 말할 만큼, 매콤달콤한 양념에 끓여낸 떡볶이와 김밥을 함께 먹는 것을 좋아한다. 이곳은 즉석떡볶이와 김밥을 파는 곳으로 유명한 맛집은 아니지만 단골층이 두터운 동네 맛집이다. 대중교통을 이용해 무려 2시간이 걸려 도착한 곳. 하지만 시간이 전혀 아깝지 않다. 신선한 야채를 듬뿍 넣어 아삭거리는 식감이 돋보였던 새싹김밥은 밥도 적게 들어가 깔끔하고 담백하다. 톳과 꼬시래기를 듬뿍 넣은 해초김밥도 별미.

 한줄꿀팁 즉석떡볶이 포장 가능(주문 즉시 조리)

고객 리뷰

- 즉석에서 끓여 먹는 즉석떡볶이는 선택이 아닌 필수! 매콤달콤한 떡볶이 양념에 누구나 중독될 거예요.
- 즉석떡볶이는 입맛대로 사리 추가 가능해요(기본으로 쫄면사리 넣어줍니다).

나의 별점
☆☆☆☆☆

맛집 정복 완료!

스티커 or 스탬프

32 물고기

✻ "청양고추간장을 얹으면 마법이 일어나는 김밥" ✻

식당 정보

🏠 주소	서울 동대문구 이문로25길 36 1층
🚇 대중교통	외대앞역 1번 출구에서 578m
☎ 전화번호	02-963-4580
🕐 운영시간	09:00-19:00 ※ 매주 일요일 휴무 ※ 14:00-16:00 브레이크타임
📍 웨이팅 난이도	중
📋 주요 메뉴 및 가격	물고기김밥 4,500원(추천), 참치김밥 5,300원(추천) 매운참치김밥 5,500원
✏ 김밥 사이즈	큼
🥢 속 재료	김, 밥, 깻잎, 계란, 어묵, 당근, 햄, 단무지 햄
💬 매장 서비스	포장 가능
▶ 방송 출연	없음

물고기 QR로 보기

2시간 전 전화주문은 기본, 이미 많은 사람의 최애가 된 물고기김밥이다. 이곳의 김밥은 엄청난 크기(팔뚝만 한)를 자랑하는 김밥으로도 유명하다. 달걀이 듬뿍 들어가는 물고기김밥과 참치김밥이 베스트 메뉴인데, 개인적으로 물고기김밥과 매운참치김밥의 조합을 더 추천한다. 매운맛이 추가되어 끝까지 질리지 않고 먹을 수 있다. 이곳의 별미는 매장에서 직접 만드는 청양고추간장. 김밥 위에 고추 하나씩 올려 먹으면 더욱 맛있게 먹을 수 있다.

 한줄꿀팁   청양고추간장은 셀프

고객 리뷰

💬 김밥 크기가 진짜 커요. 한 줄 먹다가 배 터지는 줄 알았어요.
💬 참치김밥 위에 고추절임 하나씩 올려 먹으면 얼마나 맛있게요.

맛집 정복 완료!

나의 별점
☆☆☆☆☆

스티커 or 스탬프

33
엄마맘약선김밥

✱ **"건강한 재료로 만들어주는 속이 편한 김밥"** ✱

식당 정보

🏠 주소	서울 동대문구 한빛로 21 1층
🚇 대중교통	신설동역 3번 출구에서 193m
☎ 전화번호	02-924-8999
🕘 운영시간	09:30-20:00 ※ 매주 토요일 휴무 ※ 15:00-17:00 브레이크타임
👥 웨이팅 난이도	하
📋 주요 메뉴 및 가격	아보김밥(아보카도) 6,900원(추천), 생기김밥(더덕무침) 7,500원(추천), 베컨김밥(베이컨) 5,900원
✏ 김밥 사이즈	중간
🥗 속 재료	김, 강황밥, 두부포, 아보카도 단무지, 당근, 계란, 우엉, 깻잎
💬 매장 서비스	매장 식사 가능, 포장 가능, 배달 가능
▶ 방송 출연	없음

엄마맘약선김밥
QR로 보기

한약재를 사용해 약선요리를 선보이는 건강한 김밥집이다. 한약재로 밥을 짓고 모든 재료에 첨가물이 들어가지 않는 이름 그대로 약선김밥이다. 먹고 나면 속이 개운해지고 편해지는 보약 김밥. 강황밥을 사용해 모든 김밥이 노란빛을 낸다. 생기김밥은 이곳의 대표 메뉴인데, 오독오독하게 씹히는 더덕장아찌가 향긋한 향을 내며 식감을 채워준다. 보약김밥 초심자는 생기김밥보다는 무난하게 먹을 수 있는 베컨김밥이나 참치김밥을 먼저 먹어보고 도전해보길 추천한다.

 한줄꿀팁 네이버 예약으로 미리 주문 가능

고객 리뷰

- 건강하고 특별한 재료를 넣은 김밥이 많아요.
- 건강을 사 먹는 느낌이에요. 자극적인 맛이 아니라 담백하고 깔끔해서 좋아요.

나의 별점

☆☆☆☆☆

맛집 정복 완료!

스티커 or 스탬프

34
한아름분식

✶ "30년 동안 사랑받은 노부부의 정성" ✶

식당 정보

🏠	주소	서울 광진구 군자로 159
🚇	대중교통	군자역 7번 출구에서 329m
☎	전화번호	02-469-2535
🕐	운영시간	전화문의
👥	웨이팅 난이도	중
📋	주요 메뉴 및 가격	김치김밥 4,000원(추천), 야채김밥 3,000원(추천)
✏	김밥 사이즈	중간
🍴	속 재료	김, 밥, 당근, 오이, 계란, 단무지, 햄, 우엉, 볶음김치
💬	매장 서비스	포장 가능
▶	방송 출연	없음

한아름분식 QR로 보기

광진구에 사는 밥풀이(저자 SNS 구독자 애칭)들이 가장 많이 추천해준 곳이다. 샛노란 색 간판과 무성하게 자라 있는 풀들 덕분에 역사가 아주 깊은 곳이구나 하는 생각이 드는 곳이다. 할아버지, 할머니 두 분이서 조그맣게 운영하는 이곳의 김밥은 노릇하게 구워낸 스모크햄과 아삭한 오이의 조합으로 소풍 때 먹던 집 김밥을 떠오리게 한다. 볶음김치김밥은 이곳의 시그니처 메뉴로 새콤한 김치맛이 더해져 먹을수록 은은한 감칠맛이 도드라진다.

 한줄꿀팁   방문 전 전화로 운영시간 확인 필수

고객 리뷰

- 운영시간이 일정하지 않아 헛걸음할 때가 많아요. 꼭 전화로 확인하고 가세요.
- 현금결제만 가능해요(계좌이체도 가능)

나의 별점

☆☆☆☆☆

···· 맛집 정복 완료! ····

스티커 or 스탬프

35 유부김밥

"30년 전통의 유부의 깊은 맛"

식당 정보

주소	서울 노원구 한글비석로 396 벽산아파트 108동 상가 1층
대중교통	상계역 2번 출구에서 81m
전화번호	02-938-1010
운영시간	06:00-21:00 ※ 06:00-14:00 일요일 ※ 매주 월요일 휴무
웨이팅 난이도	중
주요 메뉴 및 가격	유부김밥 3,500원(추천), 얼큰이김밥 4,000원
김밥 사이즈	큼
속 재료	밥, 김, 단무지, 계란, 부추, 당근, 우엉, 유부
매장 서비스	포장 가능, 배달 가능
방송 출연	없음

유부김밥 QR로 보기

서울에서 먹어본 유부김밥 중 세 손가락 안에 드는 곳이다. 큼지막한 김밥 속에는 볶은 유부와 우엉이 가득 들어가 있는데 유부를 볶아내어 고소한 향과 은은한 감칠맛이 가득하다. 마치 소고기를 씹는 듯한 식감과 함께 전체적인 밸런스가 너무 좋은 김밥이다. 이곳에서 김밥을 포장해 불암산 정상에서 까먹는 맛은 정말 꿀맛이라고 하니 한번 도전해보길 추천한다.

 한줄꿀팁 매운맛을 좋아한다면 얼큰이김밥 추천

고객 리뷰

- 유부김밥 좋아하시는 분들은 당장 달려가셔야 합니다.
- 신선한 유부를 가마솥에 2시간 이상 볶아 과자처럼 바삭한 식감이 매력적인 곳이에요.

나의 별점
☆☆☆☆☆

맛집 정복 완료!

스티커 or 스탬프

36
해밀칼국수&김밥

✳ "계속 주워 먹게 만드는 성수동 1등 김밥" ✳

식당 정보

🏠	주소	서울 성동구 연무장5가길 25 skv1타워 1층
🚇	대중교통	성수역 3번 출구에서 134m
☎	전화번호	02-462-5905, 010-9340-5909
🕐	운영시간	10:00-20:30 ※ 매주 일요일 휴무
👥	웨이팅 난이도	중
📋	주요 메뉴 및 가격	매운오징어김밥 5,000원(추천), 치즈김밥 5,000원, 김치김밥 5,000원
✏	김밥 사이즈	작음
🍥	속 재료	김, 밥, 진미채, 삶은 오징어
💬	매장 서비스	매장 식사 가능, 포장 가능, 배달 가능
▶	방송 출연	없음

해밀칼국수&김밥
QR로 보기

성수동 주민들이 꼽은 원픽 김밥집. 삶은 오징어와 진미채를 매콤달콤한 양념에 버무려 김밥 안에 넣고 말아낸 작은 사이즈의 김밥이다. 작은 고추가 맵다는 말이 있듯이 김밥도 작지만 그 맵기는 대단하다. 후추 향이 조금 강한데 맵기는 불닭볶음면과 신라면 사이의 맵기라고 생각하면 된다. 그리고 보통 오징어김밥이라고 하면 진미채가 들어가는 게 일반적인데, 이곳은 진미채와 삶은 오징어를 섞어 씹는 맛이 더욱 풍부하다.

 한줄꿀팁 시원한 국물이 일품인 칼국수로도 유명

고객 리뷰

- 성수동에 맛있는 분식집 찾기가 어려웠는데 맛집 발견해서 너무 좋아요.
- 매운오징어김밥이랑 치즈김밥 같이 시켜서 한입에 먹으면 최고예요. 매운 맛이 적당히 중화되는 맛!

나의 별점
☆☆☆☆☆

맛집 정복 완료!

스티커 or 스탬프

무미유미

※ "김 대신 구운 치즈로 말아낸 특별함" ※

식당 정보

주소	서울 강남구 선릉로119길 13
대중교통	선정릉역 1번 출구에서 453m
전화번호	02-545-7931
운영시간	10:00-20:30
웨이팅 난이도	중
주요 메뉴 및 가격	구운콜비잭치즈롤 7,000원(추천), 소불고기롤 7,500원(추천), 매운차돌양지라면 6,000원
김밥 사이즈	중간
속 재료	구운콜비잭치즈, 포두부, 김, 계란, 당근, 오이, 적양배추, 우엉, 햄, 치즈, 단무지
매장 서비스	매장 식사 가능, 포장 가능, 배달 가능
방송 출연	없음

무미유미
QR로 보기

지금까지 먹어보지 못한 특별한 김밥을 맛볼 수 있는 곳으로 강남 일대에서는 단골들이 많기로 유명한 김밥집이다. 밥이 들어간 김밥도 있지만, 이곳에는 밥이 들어가지 않는 구운치즈김밥과 두부포김밥으로 유명하다. 구운 치즈는 구워낸 치즈의 바삭함과 진하게 느껴지는 고소함이 특별하다. 갖은 채소들이 김밥 안을 가득 채우고 있는데 짜지 않고 깔끔하고 담백한 맛이 좋다.

 한줄꿀팁 밥이 들어가는 일반 김밥도 있음

고객 리뷰

밥이 없어도 맛있는 김밥! 특히 구운콜비잭치즈롤은 제 최애메뉴예요. 구워서 고소하고 진한 치즈맛이 입안 가득 느껴져요.

나의 별점
☆☆☆☆☆

맛집 정복 완료!

스티커 or 스탬프

38

푸드2900 논현시티점

✳ "연예인들도 줄 서서 먹는 셀럽김밥" ✳

식당 정보

🏠	주소	서울 강남구 도산대로50길 16
🚇	대중교통	압구정로데오역 5번 출구에서 705m
☎	전화번호	02-515-3571
🕐	운영시간	00:00-24:00 ※ 연중무휴
👥	웨이팅 난이도	하
📋	주요 메뉴 및 가격	소세지김밥 5,000원(추천)
✏	김밥 사이즈	중간
⊙	속 재료	김, 밥, 당근, 우엉, 부추, 단무지, 계란, 매운 소시지, 데리야키소스, 마요네즈
💬	매장 서비스	매장 식사 가능, 포장 가능
▶	방송 출연	전지적참견시점 86회(20.01.11), 수요미식회 220회(19.09.17)

푸드2900 논현시티점
QR로 보기

연예인들도 줄 서서 사 먹는, 압구정 김밥 맛집이다. MBC 예능프로그램 〈전지적참견시점〉과 〈수요미식회〉에 나오며 더욱 유명해졌다. 김밥 안에 통으로 들어가는 큼직한 소시지는 튀기듯이 구워내 바삭한 식감이 특징이다. 청양고추 소시지라 약간의 매운맛이 감도는데 덕분에 느끼한 맛이 없고 깔끔하다. 달콤짭조름한 데리야키소스도 듬뿍 들어가 전체적으로 중독성 강한 김밥 맛을 자랑한다.

 한줄꿀팁   점심시간에는 웨이팅 필수

고객 리뷰

💬 김밥도 김밥이지만 다른 메뉴도 많아서 간단히 식사하고 갈 수 있어 좋아요.
💬 소시지를 튀기듯이 구워내 파삭거리는 식감이 다른 소시지김밥과 달라요.

나의 별점
☆☆☆☆☆

··· **맛집 정복 완료!** ···

스티커 or 스탬프

39 루비떡볶이

※ "새우깡떡볶이에 푹 찍어 먹는 소시지김밥" ※

식당 정보

🏠	주소	서울 강남구 선릉로153길 21 1층
🚇	대중교통	압구정로데오역 5번 출구에서 396m
☎	전화번호	02-516-7147
🕐	운영시간	11:40-21:30 ※ 12:00-20:00 일요일
👤	웨이팅 난이도	중
📋	주요 메뉴 및 가격	소시지김밥 5,000원(추천). 새우깡떡볶이 6,500원(추천)
✏	김밥 사이즈	중간
🥬	속 재료	김, 밥, 소시지, 와사비마요소스, 어묵, 계란, 햄
💬	매장 서비스	매장 식사 가능, 포장 가능, 배달 가능
▶	방송 출연	생방송투데이 2834회(21.05.31), 생방송오늘저녁 1216회(19.12.17), 생방송투데이 2074회(18.04.02), 수요미식회 103회(17.02.01)

루비떡볶이 QR로 보기

연예인 단골 분식집으로 방송에 여러 차례 소개되어 모르는 사람이 거의 없는 곳이다. 매콤달콤한 쌀떡볶이에 바삭한 민물새우튀김이 듬뿍 올라간 새우깡떡볶이와 소시지를 통으로 넣은 소시지김밥으로 유명하다. 저렴한 소시지가 아닌 수제 소시지를 사용해 뽀득거리는 식감이 좋다. 와사비마요소스를 듬뿍 넣어 부드럽고 알싸한 맛으로 끝까지 맛있게 먹을 수 있다.

 한줄꿀팁   떡볶이가 정말 매움

고객 리뷰

- 소시지김밥도 유명하지만, 시그니처 메뉴는 새우깡떡볶이! 바삭하고 고소한 새우깡이 매콤한 떡볶이 소스와 잘 어울려요.
- 떡볶이와 김밥을 시키면 어묵 국물을 따로 줘요. 국물을 따로 시키지 않아도 돼요.

맛집 정복 완료!

나의 별점
☆☆☆☆☆

스티커 or 스탬프

136길육미

✳ "밥 대신 메밀면을 넣은 김밥, 아니 김면!" ✳

식당 정보

🏠	주소	서울 강남구 언주로136길 9
🚇	대중교통	학동역 10번 출구에서 499m
☎	전화번호	02-542-8899
🕐	운영시간	11:30-22:00 ※ 매주 일요일 휴무
🧍	웨이팅 난이도	중
📋	주요 메뉴 및 가격	메밀김밥 9,000원(추천)
✏	김밥 사이즈	중간
😋	속 재료	김, 메밀, 계란, 와사비소스, 아보카도, 루꼴라, 유부, 표고
💬	매장 서비스	매장 식사 가능, 포장 가능, 배달 가능
▶	방송 출연	생방송투데이 2737회(21.01.11 메밀김밥), 생방송오늘저녁 1003회(19.01.31 메밀김밥,치킨난반)

136길육미 QR로 보기

점심, 저녁 시간만 되면 항상 손님으로 줄을 길게 서 있는 강남 맛집이다. 일반적으로 생각하는 흔한 김밥 모양은 아니지만, 밥 대신 메밀면을 넣어 독특하다. 가쓰오부시 육수를 넣고 만든 촉촉하고 달콤한 맛의 달걀말이와 메밀면이 만나 전체적으로 부드럽고 촉촉하게 넘어가는 식감이 좋다. 알싸한 생와사비도 들어가 끝까지 깔끔하게 먹을 수 있다. 밥이 없는 김밥도 맛있을 수 있다고 느껴지는 김밥이다.

 한줄꿀팁 바삭한 식감을 원한다면 새우튀김메밀김밥을 추천

고객 리뷰

- 고소한 명란크림우동과 함께 먹으면 더 맛있어요.
- 바삭한 식감이 추가된 새우튀김메밀김밥과 장어메밀김밥도 있어요. 입맛대로 골라 먹을 수 있어 좋아요.

나의 별점
☆☆☆☆☆

맛집 정복 완료!

스티커 or 스탬프

41 둔촌김밥

"아삭한 식감이 매력적인 양배추 두른 김밥"

식당 정보

둔촌김밥
QR로 보기

주소	서울 강동구 풍성로 243-1
대중교통	둔촌동역 1번 출구에서 267m
전화번호	02-472-4961
운영시간	08:30-20:00
웨이팅 난이도	하
주요 메뉴 및 가격	양배추김밥 4,500원(추천)
김밥 사이즈	큼
속 재료	양배추, 김, 밥, 단무지, 당근, 우엉, 계란, 맛살, 시금치
매장 서비스	매장 식사 가능, 포장 가능
방송 출연	없음

살짝 데친 양배추를 김밥에 둘렀다. 너무 푹 삶으면 양배추의 아삭함이 사라지는데 이곳은 아삭함과 부드러움 그 중간으로 삶기가 적당하다. 평소에도 삶은 양배추에 밥 싸 먹기를 좋아하는데 양배추를 두른 김밥이라니! 누드김밥 형태에 양배추만 두른 모습이 꽤 매력적이다. 속 재료는 평범하나 양배추의 풋풋하면서도 아삭한 식감이 좋다. 함께 주는 와사비 간장소스에 찍어 먹어도 되지만 소스를 위에 뿌려서 먹어도 좋다. 양배추가 주재료라 먹고 나서도 속이 편안해지는 느낌이다.

 한줄꿀팁 매일 아침 직접 양배추를 삶음

고객 리뷰

- 양배추를 두툼하게 둘러 먹고 나면 포만감이 가득해요. 다이어트 하시는 분들에게도 좋을 것 같아요.
- 전체적으로 간이 세지 않아서 간장소스를 양배추 위에 뿌려 먹어도 좋아요.

나의 별점
☆☆☆☆☆

맛집 정복 완료!

스티커 or 스탬프

골드김밥 방배점

"밥 대신 두툼한 달걀을 넣어 만든 키토김밥 맛집"

식당 정보

🏠	주소	서울 서초구 동광로19길 1 1층 골드김밥
🗺️	대중교통	내방역 6번 출구에서 669m
☎️	전화번호	02-534-7033
🕐	운영시간	07:00-15:30 ※ 매주 일요일 휴무
📍	웨이팅 난이도	하
📋	주요 메뉴 및 가격	골드참치김밥 5,500원(추천)
🍙	김밥 사이즈	큼
😋	속 재료	김, 계란, 깻잎, 우엉, 당근, 비트단무지, 참치, 마요네즈, 양배추
💬	매장 서비스	포장 가능
▶️	방송 출연	없음

골드김밥 방배점 QR로 보기

서울에서 먹은 키토김밥 중 세 손가락 안에 드는 골드김밥은 김밥 마는 것부터 써는 것까지 모두 기계를 사용하는 신기한 김밥집이다. 밥 대신 두툼한 통 지단을 넣어주는 키토김밥으로 제일 유명한데 다이어트가 고민인 딸을 위해 사장님이 직접 개발한 메뉴라고 한다. 밥 대신 들어가는 달걀은 두툼하고 부드러운 식감이 좋다. 한입 가득 달걀의 고소함과 채소의 신선함이 동시에 느껴지는 매력적인 김밥이다. 키토김밥인지도 모르고 먹을 정도로 맛있게 먹을 수 있다!

 한줄꿀팁 2호점(서울특별시 마포구 상수동 324-7)

고객 리뷰

- 김밥을 마는 것부터 써는 것까지 기계를 사용해요. 개인적으로는 손맛을 사랑하지만 보고 있으면 정말 신기해요.
- 매장에서 먹으면 미역국 무한리필!

나의 별점
☆☆☆☆☆

맛집 정복 완료!

스티커 or 스탬프

43 유미분

※ *"매콤한 어묵을 가득 넣은 강렬한 비주얼의 김밥"* ※

식당 정보

- 주소 : 서울 서초구 방배로28길 7 1층
- 대중교통 : 내방역 7번 출구에서 294m
- 전화번호 : 02-3477-1112
- 운영시간 : 11:00-20:30 ※ 14:30-16:00 브레이크타임 ※ 매주 월요일 휴무
- 웨이팅 난이도 : 중
- 주요 메뉴 및 가격 : 불어묵김밥 6,000원(추천), 사장님김밥 4,000원
- 김밥 사이즈 : 중간
- 속 재료 : 김, 밥, 양념어묵, 아삭이고추, 단무지, 달걀
- 매장 서비스 : 매장 식사 가능, 포장 가능, 배달 가능
- 방송 출연 : 없음

유미분 QR로 보기

20년 전통의 노포 김밥집 소정담을 이어받아 내방역에 생긴 트렌디한 분식집이다. 식사 시간에 간단하게 만들어 먹던 사장님표 김밥은 사장님김밥이란 이름으로 재탄생해 많은 사람에게 사랑받고 있다. 속 재료로는 달걀과 김치, 멸치볶음이 전부지만 김치와 멸치가 어우러져 내는 깊은 감칠맛으로 남녀노소 누구나 좋아할 맛이다. 불어묵김밥은 맛집인 스타그램 @foogeul 과 함께 기획한 메뉴로 강렬한 비주얼과 맛이 특징이다. 빨간 양념에 볶아낸 어묵과 달걀이 빼곡하게 들어간 김밥은 이곳만의 특제 불양념(신라면 정도의 맵기)으로 엄청난 중독성을 자랑한다.

 한줄꿀팁   유미분 본점(서울 영등포구 당산로40길 16 보성빌딩 1층 101호)

고객 리뷰

💬 여기 떡볶이 양념 상 줘야 합니다. 뭘 찍어 먹어도 맛있어요. 뚱뚱한 수제 김말이도 별미라 꼭 시켜 먹길 추천드려요.

💬 사장님김밥은 안 먹은 사람은 있어도 한 번만 먹은 사람은 없을걸요?

나의 별점
★★★★☆

맛집 정복 완료!

스티커 or 스탬프

44 서호김밥

※ "오독오독 씹히는 다시마가 재밌는" ※

식당 정보

🏠 주소	서울 서초구 방배중앙로 141-1
🚇 대중교통	이수역 1번 출구에서 684m
☎ 전화번호	02-594-4434
🕐 운영시간	10:00-20:00 ※ 14:00-16:30 브레이크타임 ※ 매주 월요일 휴무
📍 웨이팅 난이도	중
📋 주요 메뉴 및 가격	다시마김밥 5,500원(추천), 서호김밥 5,000원
🥢 김밥 사이즈	중간
🍴 속 재료	김, 밥, 다시마 채, 당근, 우엉, 오이, 단무지, 계란
💬 매장 서비스	매장 식사 가능, 포장 가능, 배달 가능
▶ 방송 출연	수요미식회 60회(16.04.06 다시마김밥)

서호김밥 QR로 보기

1992년부터 2대째 이어오고 있는 김밥집이다. 방배동 주민이라면 모르는 사람이 없을 만큼 유명한 곳으로 서울 3대 김밥집으로도 꼽히는 곳이다. 김밥에 들어가는 주재료에 따라 채소의 구성을 다르게 하여 김밥을 말아내는 것이 특징이다. 잘게 다진 소고기가 들어가는 짭조름한 기본 김밥부터, 오독오독한 다시마 채가 들어가 씹는 재미가 있는 다시마김밥이 이곳의 대표 메뉴다. 또 테이블마다 마요네즈가 구비되어 있는데 마요네즈에 살짝 찍어 먹어도 색다른 맛을 즐길 수 있어 좋다.

 한줄꿀팁 떡국 떡과 라면 사리가 듬뿍 들어가는 라면볶이도 추천

고객 리뷰

- 모든 메뉴가 맛있지만 다시마 채가 듬뿍 들어간 다시마김밥은 꼭 먹어보세요. 오독오독한 식감이 최고예요.
- 칼칼한 김치수제비는 김밥과 잘 어울려요.

나의 별점
☆☆☆☆☆

맛집 정복 완료!

스티커 or 스탬프

45 해남원조김밥

"방배동 3대 김밥으로 유명한 고기 없는 고기 맛 김밥"

식당 정보

🏠	주소	서울 서초구 방배중앙로25길 15
🚇	대중교통	이수역 1번 출구에서 845m
☎	전화번호	02-535-6949
⏰	운영시간	07:00-19:30
👥	웨이팅 난이도	중
📋	주요 메뉴 및 가격	유부김밥 4,000원(추천), 얼큰이김밥 5,000원
✏️	김밥 사이즈	큼
🍙	속 재료	김, 밥, 단무지, 계란, 우엉, 유부, 시금치, 당근
💬	매장 서비스	포장 가능
▶	방송 출연	없음

해남원조김밥 QR로 보기

간판부터 맛집의 기운이 솔솔 나는 곳. 방배동 3대 김밥 중 하나로 유부김밥을 좋아한다면 꼭 가봐야 하는 곳 중 하나다. 서울에서 유명한 유부김밥집은 다 돌아다녀 봤지만, 이곳이 내 마음속 1위다. 김밥 속에는 우엉과 함께 잘게 다진 유부가 들어가 있는데 그 생김새가 마치 소고기 같다. 햄과 고기 그 어느 것도 들어가 있지 않지만 고기 맛이 나는 특별한 김밥이다. 비법 소스를 넣고 오랜 시간 볶아낸 유부를 우엉과 함께 버무려 넣은 김밥은 깊은 감칠맛이 가득하다. 직접 담근 김치를 넣어 만든 김치유부김밥도 개운하게 맛있으니 꼭 한번 먹어보기를 추천한다.

 한줄꿀팁 서울에서 먹는 유부김밥의 원조!

고객 리뷰

- 고기가 들어가지 않지만 고기가 씹히는 것 같은 느낌이 드는 마법의 유부김밥이에요. 먹어본 유부김밥 중엔 여기가 최고예요.
- 매콤한 맛을 좋아한다면 고추장아찌가 들어가는 얼큰이김밥 강추해요.

나의 별점
☆☆☆☆☆

맛집 정복 완료!

스티커 or 스탬프

웰빙다시마청계산김밥

"밥맛 하나로 청계산을 평정한 잊지 못할 감칠맛"

식당 정보

주소	서울 서초구 원터2길 3
대중교통	청계산입구역 2번 출구에서 520m
전화번호	02-3461-7058
운영시간	07:00 재료 소진시까지
	※ 05:30 토요일, 일요일 재료 소진시까지
웨이팅 난이도	하
주요 메뉴 및 가격	다시마김밥 3,500원(추천), 스팸김밥 4,500원
김밥 사이즈	중간
속 재료	김, 밥, 다시마, 단무지, 당근, 우엉, 어묵, 오이
매장 서비스	매장 식사 가능, 포장 가능
방송 출연	없음

웰빙다시마청계산김밥
QR로 보기

청계산 초입에 있는 작은 김밥집으로 청계산 등산객들에게는 유명한 곳이다. 이곳의 밥맛은 특별한데, 다시마를 푼 물에 밥을 짓고 실제로 속 재료로 다시마가 들어간다. 오독오독한 식감에 다시마 특유의 감칠맛이 김밥 전체의 밸런스를 잡아준다. 밥알들이 입안을 찰싹찰싹 때리는 것 같은 찰짐에 목구멍으로 꿀떡꿀떡 넘어가는 그 맛을 잊지 못한다. 등산 후 허기짐도 있었지만 서울에서 먹은 밥맛 중에 최고임은 분명하다.

 한줄꿀팁 포장해서 청계산 정상에서 까먹어 보기를 추천! 그 맛이 배가 된다!

고객 리뷰

- 겨울에는 뜨끈한 어묵을 파는데 국물이 진짜 시원해요. 등산 후 언 몸 녹이기에는 이만한 게 없어요.
- 청계산 등산객들의 필수템!

나의 별점
★★★★☆

맛집 정복 완료!

스티커 or 스탬프

ESSAY
김밥도 커스터마이징 하는 시대

성수동, 풀리김밥 탐방기

어느 날 인스타그램 디엠이 쏟아졌다. 이게 무슨 일이지 하며 얼른 켜보니 많은 구독자들이 '풀리김밥'이란 곳이 새로 생겼는데 넣고 싶은 재료로 김밥을 만들어 먹을 수 있는 신기한 곳이라며 방문해서 후기를 알려달라는 내용이었다. 한번쯤은 내 맘대로 김밥재료를 넣어 싸 먹어보고 싶다는 생각을 했는데 이렇게 실제로 구현해 내다니! 궁금했고 얼른 가보고 싶었다. 김밥계의 서브웨이라고 불리는 그곳으로.

매장은 힙의 메카인 서울 성수동에 위치해 있었다. 김밥계의 서브웨이라 불리는 것처럼 매장의 전체적인 인테리어가 서브웨이처럼 초록색의 컬러를 사용하고 있었다. 그리고 내가 고른 재료들을 하나씩 넣어주는 시스템도 비슷하다. 지금까지의 김밥집에서는 볼 수 없었던 내 맘대로 싸 먹을 수 있다는 것이 특별했다.

밥은 백미, 현미귀리, 흑미로 선택이 가능하고 야채도 내가 싫어하는 야채는 뺄 수 있도록 되어 있고, 넣고 싶은 재료는 추가할 수 있도록 구성되어 있다. 나는 베스트메뉴로 있던 바질참치와 소시지, 멕시칸타코 메뉴를 주문했다. 가격은 생각보다 비싸다는 평이 많았는데, 실제로 보니 재료가 푸짐하게 들어가 그렇게 비싸다는 생각은 들지 않았다. 제일 맛있었던 메뉴는 바질참치. 참치와 바질이 이렇게 잘 어울리는지 처음 알게 되었다. 향긋한 바질이 참치의 느끼함을 잠재워주는 듯했다.

결정장애를 가진 분들을 위한 풀리김밥의 추천 메뉴도 준비되어 있는데, 처음 방문한다면 추천 메뉴를 먹어보는 것도 추천이다. 다른 김밥집들처럼 감칠맛이 엄청나거나 너무 맛있다 정도는 아니지만, 내 마음대로 만들어 먹을 수 있는 점과 신선하고 푸짐한 내용물이 아주 좋았던 곳이다. 다양한 입맛이 있는 요즘 시대를 잘 겨냥한 김밥집으로 김밥을 좋아한다면 꼭 한번쯤 경험해볼 만하다.

경기도

안성 두꺼비스넥 ・148p
부천 맛객미식쇼 ・150p
수원 뚱이김밥 ・152p
수원 계절곳간 ・154p
수원 딸기스넥 ・156p
성남 백나예김밥 ・158p
고양 요리다김요리 ・160p
고양 이순녀계란말이김밥 ・162p
고양 여미재 ・164p
군포 웰빙고추김밥 ・166p
의정부 엄마김밥 ・168p
평택 까망김하얀밥 ・170p
과천 오매김밥 ・172p
남양주 왕김밥 ・174p
여주 나루터김밥 ・176p

인천

강화군 서문김밥 ・138p
미추홀구 청해김밥 ・140p
부평구 메가김밥 ・142p
부평구 대왕김밥 ・144p
남동구 까치네떡볶이 ・146p

47 서문김밥

"강화도 가면 노란색 밥을 꼭 찾으세요"

식당 정보

- 주소 : 인천 강화군 강화읍 강화대로430번길 2-1
- 전화번호 : 032-933-2931
- 운영시간 : 07:00-18:00 ※ 07:00-14:00 토요일,일요일 ※ 매주 월요일 휴무
- 웨이팅 난이도 : 중
- 주요 메뉴 및 가격 : 서문김밥 3,500원(추천)
- 김밥 사이즈 : 중간
- 속 재료 : 김, 당근밥, 오이, 햄, 계란, 단무지, 맛살
- 매장 서비스 : 포장 가능
- 방송 출연 : 생활의달인 562회(17.02.27 김밥)

서문김밥 QR로 보기

김밥 먹으러 강화도까지 가게 만든다는 서문김밥이다. 당근이 콕콕 박힌 노란색 밥이 독특한 김밥집으로 맛에서 40년 내공이 고스란히 느껴진다. 인천에 있는 김밥집 중 가장 만족도가 높았고 밥맛이 정말 좋았다. 강화도 김밥집답게 강화섬 쌀로 밥을 짓는데 뜸을 들일 때 볶은 당근채를 넣고 섞어 밥을 준비한다고 한다. 특별한 재료가 들어가진 않지만, 오이와 스모크햄이 주는 엄마표 김밥 맛에 특별한 당근밥까지. 강화도에 가면 꼭 먹어보아야 할 김밥이다.

 한줄꿀팁 1인당 2줄 필수

고객 리뷰

💬 밥맛이 죽여줘요…. 강화도 가면 꼭 찾아가는 곳!

나의 별점

☆☆☆☆☆

맛집 정복 완료!

스티커 or 스탬프

48 청해김밥

"30년간 터줏대감, 내공이 느껴지는 투박함"

식당 정보

청해김밥
QR로 보기

주소	인천 미추홀구 경인로 414
대중교통	시민공원역 2번 출구에서 439m
전화번호	032-429-7212
운영시간	00:00-24:00 ※ 연중무휴
웨이팅 난이도	중
주요 메뉴 및 가격	계란말이김밥 4,500원(추천), 라볶이 6,500원
김밥 사이즈	중간
속 재료	계란말이, 김, 밥, 우엉, 오이, 햄, 맛살, 단무지, 계란
매장 서비스	매장 식사 가능, 포장 가능
방송 출연	없음

무려 30년의 업력을 가진 청해김밥은 인천에서는 굉장히 오래되고 유명한 김밥집이다. 계란말이김밥 전문점으로 '오목골즉석우동'과 함께 오래된 인천의 분식집으로 통한다(오목골즉석우동도 계란말이김밥을 판매한다). 김밥에 달걀지단을 도톰하게 입혀 투박한 모양이지만, 씹을수록 달걀의 고소함이 도드라진다. 담백하고 깔끔한 맛으로 다른 음식과 곁들여 먹으면 계란김밥의 진가를 더욱 느낄 수 있다.

 한줄꿀팁 건물 바로 뒤편에 무료주차 가능

고객 리뷰

- 인천에서 먹어본 계란말이김밥 중에서는 여기가 짱!
- 이곳은 김밥도 맛있지만, 쫄뽀기(쫄면+떡볶이)가 별미예요! 계란말이김밥은 떡볶이 소스에 푹 찍어 먹을 때 제일 맛있는 거 아시죠?

나의 별점
☆☆☆☆☆

맛집 정복 완료!

스티커 or 스탬프

49 메가김밥

"바삭한 튀김으로 살린 식감과 부드러운 목 넘김"

식당 정보

주소	인천 부평구 부평대로 115 엠타워 107호
대중교통	부평시장역 4번 출구에서 322m
전화번호	032-361-0025
운영시간	07:00-21:30
웨이팅 난이도	하
주요 메뉴 및 가격	마약튀김김밥 4,000원(추천), 속계란말이김밥 4,000원
김밥 사이즈	중간
속 재료	김, 밥, 당근, 햄, 단무지, 오이, 우엉, 어묵, 맛살, 계란, 튀김
매장 서비스	매장 식사 가능, 포장 가능, 배달 가능
방송 출연	없음

메가김밥 QR로 보기

갓 튀겨낸 튀김가루를 가득 넣어주는 바삭한 김밥이다. 바삭한 식감이 가득 느껴지며 튀김에서 풍겨 나오는 고소함이 일품이다. 마요네즈도 듬뿍 들어가 촉촉하고 목 넘김도 좋다. 속계란말이김밥도 유명한데 달걀을 겉으로 둘러주는 게 아니라 갓 구워낸 따끈한 달걀말이가 통으로 들어간다. 이 김밥은 약간 식었을 때가 더 맛있으니 식힌 다음 와사비를 살짝 올려 먹어보길 추천한다.

 한줄꿀팁 속이 느끼해질 때쯤 쫄면을 한 입 먹으면 느끼함이 싹 사라진다.

고객 리뷰

💬 마약튀김김밥은 바로 먹어야 바삭함의 진가를 느낄 수 있어요. 매콤달콤한 떡볶이 시켜서 찍어 먹어도 너무 맛있어요.

💬 바로 부쳐서 나온 속계란말이김밥도 별미!

나의 별점

☆☆☆☆☆

맛집 정복 완료!

스티커 or 스탬프

50 대왕김밥

✳ "부평에 가면 꼭 먹어야 한다" ✳

식당 정보

- 🏠 **주소**: 인천 부평구 부평문화로 41
- 🚉 **대중교통**: 부평역 5번 출구에서 544m
- ☎ **전화번호**: 032-524-3423
- 🕐 **운영시간**: 04:00-21:00
- 📍 **웨이팅 난이도**: 중
- 📋 **주요 메뉴 및 가격**: 우엉김밥 3,500원(추천), 참치김밥 4,500원, 모짜렐라떡볶이 7,000원
- ✏ **김밥 사이즈**: 중간
- 🍱 **속 재료**: 김, 밥, 계란, 어묵, 맛살, 단무지, 햄, 당근, 시금치, 우엉
- 💬 **매장 서비스**: 매장 식사 가능, 포장 가능
- ▶ **방송 출연**: 없음

대왕김밥 QR로 보기

인천 부평구에 사는 주민이라면 모르는 사람이 없는 우엉김밥이다. 본관과 별관으로 나누어 운영되는데 포장만 하려면 본관으로 가면 된다. 이곳 김밥의 생김새는 조금 특별하다. 얇게 부쳐낸 지단이 김밥보다 더 길게 나와 있어 먹음직스럽다(먹어보면 달걀맛은 거의 느껴지지 않는다). 짭조름하게 졸인 우엉도 듬뿍 들어가 남녀노소 누구나 좋아할 김밥 맛이니 부평에 들를 일이 있다면 꼭 먹어보길 추천한다.

 한줄꿀팁 대왕김밥 별관(인천 부평구 부평문화로 47-1)

고객 리뷰

💬 모짜렐라떡볶이는 꼭 먹어야 해요! 그라탕 그릇에 치즈를 듬뿍 녹여줍니다. 지금껏 보지 못한 떡볶이 그라탕을 맛볼 수 있어요.

💬 매장에서 먹고 가실 분들은 대왕김밥 별관으로 가시면 됩니다!

나의 별점
☆☆☆☆☆

맛집 정복 완료!

스티커 or 스탬프

까치네떡볶이

"뜨끈뜨끈 즉석에서 말아주는 계란말이김밥"

식당 정보

주소	인천 남동구 구월동 1409-29
전화번호	010-9072-6393
운영시간	11:00-23:00 ※ 15:00-23:00 토요일,일요일 ※ 매주 화요일 휴무
웨이팅 난이도	중
주요 메뉴 및 가격	계란말이김밥 3,000원(추천), 떡볶이 3,000원
김밥 사이즈	큼
속 재료	계란말이, 떡볶이소스, 김, 밥, 당근, 부추, 햄, 단무지, 우엉
매장 서비스	매장 식사 가능, 포장 가능
방송 출연	없음

까치네떡볶이 QR로 보기

전국김밥일주로 간 곳 중 유일한 포장마차 김밥집이다. 뜨거운 불판 위에 달걀물을 가득 붓고 그 위로 말아놓은 김밥을 올려 돌돌 말아 내어준다. 뜨끈하게 김밥을 감싸고 있는 달걀은 촉촉하고 부드럽다. 달걀말이는 물을 따로 사용하지 않고 양파즙 등의 양념만 더해 만들어낸다고 한다. 김밥은 먹기 좋은 크기로 썬 다음 그 위로 떡볶이 소스를 듬뿍 부어준다. 매콤달콤한 떡볶이 소스와 계란말이김밥의 조합은 찰떡궁합이다. 김밥은 뜨끈할 때 먹어야 맛있기 때문에 포장마차 앞에서 먹고 가길 추천한다.

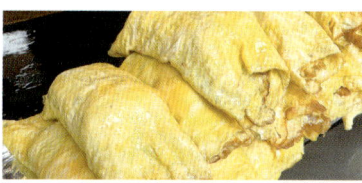

 한줄꿀팁 현금 및 계좌이체만 가능

고객 리뷰

💬 양이 정말 혜자스러운 곳. 둘이서 김밥 한 줄에 떡볶이 1인분 먹고 왔는데 배 터지는 줄 알았어요.

💬 인천 구월동 로데오거리 중에 가장 유명한 분식집이에요.

나의 별점
☆☆☆☆☆

··· **맛집 정복 완료!** ···

스티커 or 스탬프

두꺼비스넥

✳ "전국 10대 맛의 달인이 만든 오독오독 씹히는 오이의 향연" ✳

식당 정보

- 주소: 경기 안성시 안성맞춤대로 1068
- 전화번호: 031-674-3039
- 운영시간: 09:00-19:30 ※ 매주 일요일 휴무
- 웨이팅 난이도: 하
- 주요 메뉴 및 가격: 오이김밥(2줄) 6,000원(추천), 쫄면 6,500원
- 김밥 사이즈: 작음
- 속 재료: 김, 밥, 맛살, 계란, 햄, 단무지, 우엉, 절인 오이, 당근
- 매장 서비스: 포장 가능, 배달 가능
- 방송 출연: 식객허영만의 백반기행 98회(21.04.09 오이김밥)
  생활의달인 648회(18.12.03 오이김밥)

두꺼비스넥
QR로 보기

두꺼비스넥은 꼭 가보고 싶었던 곳이다. 오이가 들어간 김밥은 흔하지만, 절인 오이로 오도독한 식감을 내는 김밥은 자주 볼 수 없기 때문이다. 오이가 들어간 김밥을 좋아한다면 무조건 좋아할 김밥집이다. 생활의 달인으로 선정됨과 동시에 전국 10대 맛의 달인으로 뽑혀 이제는 전국각지에서 오이김밥을 먹기 위해 찾아온다고 한다. 한입에 쏙 들어가는 크기의 김밥에는 얇게 저민 오이절임과 당근이 가득하다. 두 재료가 부딪치며 내는 오독거리는 식감이 특별했는데 오이는 특유의 비릿한 향이 강하지 않고 개운한 향과 식감이 좋았다. (오이는 잘 절여져 물기가 꼭 짜져 있고 짠맛, 신맛은 전혀 느껴지지 않으며 오독오독한 식감만 남아 있는 상태다)

 한줄꿀팁 2줄 기준으로 판매하지만, 양은 1인분

고객 리뷰

- 김밥도 맛있지만 칼국수와 떡볶이, 쫄면도 맛있어요.
- 오이의 향긋함과 꼬득거리는 식감이 매력적인 김밥이에요.

나의 별점
☆☆☆☆☆

···· **맛집 정복 완료!** ····

스티커 or 스탬프

맛객미식쇼

✳ "지금까지 이런 소금김밥은 없었다" ✳

식당 정보

맛객미식쇼
QR로 보기

- 🏠 **주소** 경기 부천시 신흥로 178
- ☎ **전화번호** 010-7321-7042
- 🕐 **운영시간** 17:30-11:30
- 👤 **웨이팅 난이도** 중
- 📋 **주요 메뉴 및 가격** 소금김밥 3,000원(추천), 모둠회 68,000원
- 📏 **김밥 사이즈** 작음
- 🍙 **속 재료** 김, 밥, 양념 소금
- 💬 **매장 서비스** 매장 식사 가능, 포장 가능, 배달 가능
- ▶ **방송 출연** 생방송투데이 2595회(20.06.17), 생방송오늘저녁 770회(16.11.05), 식객남녀잘먹었습니다 20회(16.11.05), 생방송투데이 1280회(14.09.02), 생방송오늘아침 1953회(14.02.25)

겉모습만 보면 그냥 충무김밥이다. 김밥과 오징어무침, 푹 익은 묵은지가 함께 나온다. 원래는 숙성 회로 유명한 곳인데, 이곳 소금김밥이 특별해 소개한다. 구멍 숭숭 뚫린 곱창김에 고슬고슬 잘 지은 밥, 그 속에는 다른 재료 없이 양념된 소금 한 꼬집이 들어간다. 곱창김을 사용해서 김 옆구리가 다 터져 모양새는 이상했지만, 먹자마자 소리를 내지른 김밥. 꼬독꼬독한 식감의 곱창김과 찰진 밥, 간을 더해주는 양념 소금의 맛. 기본기의 중요성을 보여준 김밥이다.

 한줄꿀팁 사장님 KBS 인간극장 '맛객 길을 떠나다' 출연

고객 리뷰

- 곱창김을 사용해서 보기에는 너저분하지만 맛은 정말 최고예요!
- 모든 메뉴가 맛있지만, 숙성 모둠회는 꼭 먹어보길. 입안에서 사르르 녹아내려요. 김밥 위에 숙성 회 한 점 올려 먹어도 맛있어요!

나의 별점

☆☆☆☆☆

맛집 정복 완료!

스티커 or 스탬프

뚱이김밥

※ "고소한 리얼 오리지널 찐 치즈소스를 덮은 계란말이 김밥" ※

식당 정보

뚱이김밥
QR로 보기

🏠	주소	경기 수원시 장안구 송정로168번길 2
☎	전화번호	070-4300-4875
🕘	운영시간	09:00-20:30
👥	웨이팅 난이도	하
📋	주요 메뉴 및 가격	치즈계란말이김밥 6,000원(추천), 누드샐러드김밥 5,000원
✏️	김밥 사이즈	큼
🥬	속 재료	계란말이, 치즈소스, 김, 밥, 계란, 햄, 단무지, 부추, 당근, 우엉
💬	매장 서비스	매장 식사 가능, 포장 가능, 배달 가능
▶️	방송 출연	없음

김밥 위에 소스를 듬뿍 뿌려주는 화려한 비주얼로 유명한 곳이다. 김밥에 지단을 도톰하게 둘러 구워낸 다음, 그 위로 녹진한 치즈소스를 뿌려준다. 치즈에 뒤덮인 김밥의 맛은 느끼할 줄 알았는데, 치즈 맛을 흉내 낸 소스가 아닌 진짜 치즈소스라 고소함만 진하게 느껴진다. 함께 먹은 누드샐러드김밥은 샐러드에 양파가 들어가 개운하고 깔끔하게 먹기 좋다.

 한줄꿀팁 치즈계란말이김밥에 불닭볶음면 조합 추천

고객 리뷰

💬 치즈계란말이김밥에 뿌려주는 치즈소스가 킬포! 저렴한 맛이 아니라 고소하고 진한 오리지널 치즈 맛이에요.

💬 말 안 해도 아시죠? 계란말이김밥에 떡볶이 안 시키면 유죄.

나의 별점
☆☆☆☆☆

맛집 정복 완료!

스티커 or 스탬프

55 계절곳간

"이것은 갈비인가 김밥인가, 수원갈비김밥"

식당 정보

- 🏠 **주소** 경기 수원시 팔달구 창룡대로7번길 5 1층
- ☎ **전화번호** 031-8004-0411
- 🕐 **운영시간** 11:00-19:00 ※ 09:00-17:00 일요일
  ※ 15:00-15:30 주말 브레이크타임 ※ 매주 월요일 휴무
- 👥 **웨이팅 난이도** 하
- 📋 **주요 메뉴 및 가격** 수원갈비김밥 7,000원(추천), 메밀김밥 6,500원,
  겨울톳두부김밥 6,500원
- 📏 **김밥 사이즈** 중간
- **속 재료** 김, 밥, 상추, 갈비, 우엉, 어묵, 단무지, 당근, 계란
- 💬 **매장 서비스** 매장 식사 가능, 포장 가능
- ▶ **방송 출연** 없음

계절곳간
QR로 보기

수원 하면 떠오르는 대표적인 음식 중 하나인 수원왕갈비. 달짝지근하게 양념한 수원식 갈비를 김밥에 넣어 맛있는 갈비김밥을 먹을 수 있는 곳이다. 양념이 짜지 않고 담백해 다른 재료와도 어우러지는 조화로운 맛이라 누구나 맛있게 먹을 수 있다. 메밀김밥도 유명한데 밥 대신 국내산 메밀을 넣고 만들어 찰기 있는 메밀의 식감을 느낄 수 있어 좋다. 이 외에도 건강한 재료로 말아낸 김밥 메뉴들이 많다. 모든 메뉴는 키토, 현미밥으로 변경 가능하며, 비건을 위한 비건 김밥들도 있으니 건강을 생각하면서 맛있는 김밥을 먹고 싶다면 이곳을 추천한다.

 한줄꿀팁 시즌 한정 메뉴도 있음(겨울에는 두부톳김밥)

고객 리뷰

- 비건들을 위한 완벽한 김밥집! 콜리플라워두부강정은 닭강정 맛과 비슷한데 부담 없이 먹기 좋아요.
- 메밀김밥은 생와사비를 추가해 먹는 게 국룰이에요!

나의 별점
☆☆☆☆☆

맛집 정복 완료!

스티커 or 스탬프

56 딸기스넥

※ "우주의 행성을 담은 듯 크고 푸짐한 인심" ※

식당 정보

- **주소**: 경기 수원시 장안구 창훈로 63
- **전화번호**: 031-8001-4100
- **운영시간**: 10:00-19:00 ※ 매주 일요일 휴무
- **웨이팅 난이도**: 하
- **주요 메뉴 및 가격**: 우주최강김밥 4,000원(추천), 돈가스김밥 5,000원, 샐러드김밥 5,000원(추천)
- **김밥 사이즈**: 큼
- **속 재료**: 김, 밥, 깻잎, 계란, 당근, 시금치, 우엉, 단무지, 맛살, 햄, 다진고기
- **매장 서비스**: 포장 가능
- **방송 출연**: 없음

딸기스넥 QR로 보기

네이버 블로그리뷰 20개도 채 되지 않는 숨은 김밥 맛집이다. 수원에서 여러 곳의 김밥집을 가보았지만 크기만큼은 이곳을 따라올 자가 없다. 이름도 독특한 우주최강김밥은 다진고기와 채소를 듬뿍 넣어주는 김밥이다. 들어가는 재료가 많지만 간이 세지 않고 고기에는 수분감이나 기름진 부분이 없어 담백한 맛이 좋다. 양상추와 새싹을 더욱 푸짐하게 넣어주는 샐러드와 돈가스김밥도 인기가 많다. 터질 듯한 푸짐함에 사장님의 인심이 느껴져 먹어본 사람들에게 만족도가 높은 곳이다.

 한줄꿀팁 비닐장갑 필수

고객 리뷰

- 후토마끼처럼 팔뚝만 한 크기의 김밥이 인상적인 곳이에요. 1인 한 줄이면 충분해요!
- 엄청난 크기의 김밥도 유명하지만, 채소와 고기를 푸짐하게 넣어주는 만수르 비빔밥도 꼭 먹어봐야 할 메뉴 중에 하나! 이 메뉴는 포장만 가능해요.

나의 별점
☆☆☆☆☆

맛집 정복 완료!

스티커 or 스탬프

백나예김밥

✻ "안 먹어본 사람은 있어도, 한 번만 먹어본 사람은 없다" ✻

식당 정보

🏠	주소	경기 성남시 분당구 돌마로 478
☎	전화번호	031-705-6560
🕐	운영시간	08:00-20:00 ※ 14:30-15:30 브레이크타임 ※ 매주 일요일 휴무
📍	웨이팅 난이도	상
📋	주요 메뉴 및 가격	돈가스김밥 4,500원(추천), 베이컨감자튀김김밥 5,500원, 아보카도크림치즈김밥 5,500원
✏	김밥 사이즈	중간
🍱	속 재료	김, 밥, 깻잎, 단무지, 계란, 부추, 당근, 우엉, 돈가스
💬	매장 서비스	포장 가능
▶	방송 출연	없음

백나예김밥 QR로 보기

김밥 종류만 50가지가 넘어서 한 번 가면 여러 번 가게 된다는 김밥집. 분당 주민들에게 김밥집 하면 백나에김밥으로 통한다는 말이 있을 정도다. 다양한 재료의 김밥들이 많으나 이곳의 시그니처 메뉴는 돈가스김밥이다. 다른 김밥집과는 다르게 두툼한 생 돈가스를 통으로 넣어주는데 돈가스의 육향이 진하게 느껴진다. 이것 외에도 4종류를 더 시켜 먹었는데 실패한 김밥이 없었다. 베이컨감자튀김김밥은 베이컨과 감자튀김에 크림치즈가 들어가 햄버거를 먹는 듯 독특하면서도 맛이 좋았다.

 한줄꿀팁　전화주문 추천

고객 리뷰

💬 김밥 메뉴만 50가지 이상이라 결정장애 오는 곳. 하지만 이곳에서 가장 유명한 김밥은 돈가스김밥이죠.

💬 크림치즈 들어간 김밥은 꼭 먹어보세요!

나의 별점

☆☆☆☆☆

맛집 정복 완료!

스티커 or 스탬프

요리다김요리

✳ "두툼한 생연어를 둘러주는 연어김밥" ✳

식당 정보

🏠 주소	경기 고양시 일산서구 중앙로 1456 서현프라자 106호
☎ 전화번호	031-912-8880
🕐 운영시간	10:00-19:30 ※ 15:00-17:00 브레이크타임 ※ 매주 일요일 휴무
👥 웨이팅 난이도	중
📋 주요 메뉴 및 가격	생연어롤김요리 11,900원(추천), 요리다김요리 4,500원
✏ 김밥 사이즈	큼
⚙ 속 재료	연어, 김, 강황밥, 깻잎, 당근, 양배추, 단무지, 크래미, 계란
💬 매장 서비스	매장 식사 가능, 포장 가능
▶ 방송 출연	없음

요리다김요리 QR로 보기

김밥에 빛깔 좋은 생연어를 두툼하게 둘러낸 연어롤김밥이다. 노란색 밥도 독특한데 강황을 사용하여 밥을 짓는다고 한다. 카레향이 은은하게 올라와 약간의 비릿하고 기름진 연어의 맛을 잘 보완해준다. 부드럽고 촉촉한 식감에 푸짐하게 들어간 채소의 아삭함까지 건강과 다이어트를 생각하는 사람들에게는 최고의 김밥이 아닐까 싶다.

 한줄꿀팁 1시간 주차 무료

고객 리뷰

💬 연어롤김밥 먹으려고 제주도에서 왔습니다...
💬 맛도 너무 훌륭하지만 매장도 깔끔하고 포장도 음식도 너무 예뻐요. 유부김밥 좋아하시면 토핑유부김밥도 추천해요.

나의 별점
☆☆☆☆☆

····· 맛집 정복 완료! ·····

스티커 or 스탬프

이순녀계란말이김밥

"노릇하게 구운 대패삼겹살이 꽉 찬 김밥쌈"

식당 정보

주소	경기 고양시 일산서구 산현로17번길 9 401호
전화번호	031-994-5566
운영시간	09:00-20:00 ※ 매주 월요일 휴무
웨이팅 난이도	하
주요 메뉴 및 가격	대패삼겹김밥 7,500원(추천), 월남쌈김밥 7,500원
김밥 사이즈	중간
속 재료	김, 흑미밥, 상추, 대패삼겹살, 된장소스, 양파, 청양고추, 단무지
매장 서비스	포장 가능, 배달 가능
방송 출연	없음

이순녀계란말이김밥 QR로 보기

두툼한 삼겹살이 들어가는 김밥은 먹어보았으나 얇은 대패삼겹살이 겹겹이 들어가는 김밥은 처음이다. 얇은 데다 노릇하게 구워 바삭함이 살아있다. 거기다 실제 고기쌈을 먹는 것처럼 상추에 된장소스, 양파, 청양고추가 들어가 만족스러운 메뉴다. 이 외에도 월남쌈김밥, 계란충무김밥 등 독특한 김밥들이 많으니 꼭 먹어보기를 추천한다.

 한줄꿀팁   고추장아찌와 마요소스를 추가해 곁들여 먹어보기를 추천!

고객 리뷰

💬 가격이 조금 비싸지만, 다이어터들을 위한 완벽한 김밥집! 달걀로만 가득 채운 키토충무김밥도 이곳의 유명한 메뉴 중 하나예요.

맛집 정복 완료!

나의 별점
☆☆☆☆☆

스티커 or 스탬프

여미재

"건강을 말아주는 보약김밥"

식당 정보

- 주소: 경기 고양시 일산서구 주엽로 80 B동 225
- 대중교통: 주엽역 2번 출구에서 809m
- 전화번호: 031-929-6370
- 운영시간: 11:00-19:00 ※ 매주 월요일 휴무
- 웨이팅 난이도: 상
- 주요 메뉴 및 가격: 곤약김밥 5,500원(추천), 매콤멸치김밥 6,000원
- 김밥 사이즈: 큼
- 속 재료: 김, 밥, 곤약, 당근, 계란, 파프리카, 우엉, 무절임, 어묵, 그린빈
- 매장 서비스: 매장 식사 가능, 포장 가능
- 방송 출연: 없음

여미재
QR로 보기

건강함을 말아주는 김밥집이다. 실제로 당뇨환자나 지병이 있는 분들이 많이 포장해 갈 정도로 김밥 속에는 건강하고 좋은 재료들로 가득하다. 김밥을 먹는 건지 보약을 먹는 건지 헷갈릴 정도로 매우 건강한 맛이다. 그래서 호불호가 갈릴 수는 있으나 건강하게 말아낸 일반 김밥도 있으니 취향껏 고르면 된다. 곤약김밥은 얇게 깐 밥 위에 두툼하게 썬 곤약이 들어가고 그 외 갖은 채소들을 채운다. 밥이 얇게 들어가 탄수화물이 적고 채소와 곤약으로 포만감을 채워 완벽한 건강 다이어트 김밥이다.

 한줄꿀팁 백미밥을 발아현미밥으로 변경 가능한데 하루 전 예약 필수!

고객 리뷰

🗨 지금까지 먹어본 김밥 중 가장 건강하고 맛있는 김밥! 사장님의 정성이 가득 느껴지는 맛이에요.

🗨 최근에 묵볶이도 생겼는데, 떡볶이 먹고 싶을 때 가볍게 먹기 너무 좋아요!

나의 별점
☆☆☆☆☆

맛집 정복 완료!

스티커 or 스탬프

웰빙고추김밥

※ "밥통만 8개 쓰는 명성에 걸맞은 스케일" ※

식당 정보

🏠	주소	경기 군포시 광정로 119-1 1층
☎	전화번호	010-4185-8927
🕐	운영시간	07:00-20:00 ※ 07:00-15:00 토요일 ※ 07:00-13:00 일요일
📍	웨이팅 난이도	중
📋	주요 메뉴 및 가격	고추참치김밥 4,000원(추천), 고추치즈김밥 4,000원
✏️	김밥 사이즈	중간
🔍	속 재료	김, 밥, 당근, 오이, 계란, 어묵, 맛살, 햄, 깻잎, 참치, 단무지, 우엉, 양념 고추
💬	매장 서비스	매장 식사 가능, 포장 가능
▶	방송 출연	없음

웰빙고추김밥 QR로 보기

웰빙고추김밥이란 상호명답게 가게 앞에는 고추나무가 무성하게 자라 있다. 여긴 정말 고추김밥 전문점이구나 하는 생각이 절로 들었는데, 실제로 가게 앞에 주렁주렁 열린 고추들은 급할 때 빼곤 안 쓴다고 해서 꽤나 큰 반전이었다. 이곳 지역에서는 제법 유명한 김밥집으로 그 명성답게 가게 안에 밥통만 8개다. 빨간 고춧가루로 매콤하게 무쳐낸 고추장아찌를 듬뿍 넣어주는데 특히 참치와 치즈 같은 다소 느끼할 법한 재료와 아주 잘 어울린다. 먹고 나면 개운한 김밥이다.

 한줄꿀팁 주말에는 전화주문 필수!

고객 리뷰

- 밥솥으로 구워주는 구운달걀은 별미예요.
- 매운 김밥 좋아하시는 분들은 이곳의 고추김밥은 꼭 먹어보세요!

나의 별점
☆☆☆☆☆

맛집 정복 완료!

스티커 or 스탬프

62 엄마김밥

※ "전국 10대 맛의 달인이 만들어주는 매콤한 오징어김밥" ※

식당 정보

- **주소**: 경기 의정부시 시민로 261
- **전화번호**: 031-847-2526
- **운영시간**: 08:00-20:00 ※ 매주 일요일 휴무
- **웨이팅 난이도**: 상
- **주요 메뉴 및 가격**: 오징어김밥 4,900원(추천)
- **김밥 사이즈**: 중간
- **속 재료**: 김, 밥, 우엉, 당근, 오이, 부추계란, 단무지, 맛살, 햄, 깻잎, 양념오징어
- **매장 서비스**: 매장 식사 가능, 포장 가능
- **방송 출연**: 생활의달인 666회(19.04.15 오징어김밥)

엄마김밥 QR로 보기

오징어김밥 하나로 대한민국 10대 맛의 달인에 뽑힌 곳이다. 부부 둘이서 운영하는 작은 김밥집인데, 손님들이 늘 많아 적어도 한 시간 전에는 꼭 예약하고 가야 한다. 쫄깃하게 삶아낸 오징어를 매콤달콤하게 양념해 김밥 안에 가득 넣어준다. 오징어 맵기는 3단계로 조절 가능한데, 3단계는 너무 맵기만 해서 전체적인 밸런스가 무너지는 느낌이라 1, 2단계를 먹길 추천한다. 오동통한 오징어가 가득 들어 있어 쫄깃하게 씹히는 것이 매력 있다.

 한줄꿀팁 오징어와 다른 재료를 반반 넣은 반반김밥도 가능

고객 리뷰

- 오징어가 듬뿍 들어가 쫄깃한 식감이 최고예요.
  이곳은 김밥이 유명하지만, 손수제비가 들어가는 칼국수도 정말 맛있어요!
- 칼국수는 포장된다고 하니 참고하세요!

맛집 정복 완료!

나의 별점
☆☆☆☆☆

스티커 or 스탬프

까망김하얀밥

"8가지 이색꼬마김밥을 파는 김밥집"

식당 정보

까망김하얀밥
QR로 보기

- 주소: 경기 평택시 서정로 197
- 전화번호: 031-666-6304
- 운영시간: 10:00-20:00 ※ 09:00-20:00 토요일,일요일 ※ 매주 월요일 휴무
- 웨이팅 난이도: 중
- 주요 메뉴 및 가격: 고추꼬마김밥(7개) 3,600원(추천), 새우베이컨꼬마김밥(6개) 4,800원(추천)
- 김밥 사이즈: 작음
- 속 재료: 김, 밥, 고추양념무장아찌
- 매장 서비스: 매장 식사 가능, 포장 가능
- 방송 출연: 생방송투데이 1802회(17.01.20 김밥)

8가지 꼬마김밥을 입맛대로 골라 먹을 수 있는 곳이다. 평택에서 시작해 의정부로 이전했지만, 최근에 다시 평택에 재오픈했다고 한다. 이미 몇 년 전부터 입소문을 탄 곳으로 주말만 되면 전화 예약이 넘친다. 새우베이컨꼬마김밥, 불고기꼬마김밥, 치즈꼬마김밥, 참치꼬마김밥, 제육꼬마김밥, 야채꼬마김밥, 고추꼬마김밥, 땡초통집김밥까지 총 8가지의 이색 꼬마김밥이 있다. 꼬마김밥뿐만 아니라 일반 사이즈 김밥도 있다. 특히 이곳에서만 먹어볼 수 있는 새우베이컨꼬마김밥과 오독오독한 식감의 고추꼬마김밥을 추천한다.

 한줄꿀팁   전화주문 필수!

고객 리뷰

💬 의정부에서 최근 평택으로 이전했는데, 이제는 매장에서도 먹을 수 있어 좋아요.

💬 다양한 꼬마김밥 맛을 볼 수 있는 곳!

나의 별점
☆☆☆☆☆

맛집 정복 완료!

스티커 or 스탬프

오매김밥

✳ "특허받은 시래기의 깊은 맛" ✳

식당 정보

오매김밥
QR로 보기

🏠	주소	경기 과천시 별양상가2로 35 3동107호
☎	전화번호	02-507-6133
🕐	운영시간	08:00-19:30 ※ 매주 일요일 휴무
📍	웨이팅 난이도	하
📋	주요 메뉴 및 가격	시래기고기김밥 4,000원(추천), 발효김치고기김밥 5,000원
🥒	김밥 사이즈	중간
😋	속 재료	김, 밥, 계란, 우엉, 단무지, 당근, 시래기, 돼지고기
💬	매장 서비스	매장 식사 가능, 포장 가능, 배달 가능
▶	방송 출연	생활의달인 673회(19.06.03 시래기김밥)

오매김밥은 시래기가 듬뿍 들어가는 김밥으로 유명하다. 사장님만의 비법으로 볶아낸 시래기는 부드러우면서도 감칠맛이 일품이다. 호두소금을 찹쌀풀에 푼 다음 시래기에 넣어 쫀득한 식감을 살리고 시래기 된장 특제소스로 시래기를 볶아 특유의 맛을 더욱 돋구어 준다고 한다. 이런 과정을 거친 시래기는 부드러운 식감으로 입안에서 자연스럽게 녹아든다. 시래기와 함께 고기도 들어 있어 시래기김밥을 더욱 맛있게 즐길 수 있다. 김밥의 첫 입은 심심하게 느껴지지만, 먹으면 먹을수록 시래기의 깊은 매력에 빠지게 된다.

 한줄꿀팁 시래기를 좋아하지 않는다면 유부김밥을 추천

고객 리뷰

- 이곳은 시래기김밥으로 유명해요. 시래기뿐만 아니라 고기도 함께 들어가 있어 더 맛있게 먹을 수 있어요.
- 토마토, 돼지안심, 파르미지아노치즈가 들어가는 쫄면은 이곳에서만 맛볼 수 있는 별미예요.

나의 별점
☆☆☆☆☆

맛집 정복 완료!

스티커 or 스탬프

65 왕김밥

✱ "쫀득쫀득한 우엉조림을 듬뿍 넣어주는 단짠의 정석" ✱

식당 정보

왕김밥
QR로 보기

- 주소: 경기 남양주시 화도읍 마석중앙로 95
- 대중교통: 마석역 1번 출구에서 115m
- 전화번호: 031-594-2242
- 운영시간: 06:30-20:00 ※ 매주 일요일 휴무
- 웨이팅 난이도: 하
- 주요 메뉴 및 가격: 왕김밥 5,000원(추천), 참치김밥 5,000원
- 김밥 사이즈: 큼
- 속 재료: 김, 밥, 당근, 우엉, 계란, 단무지, 햄
- 매장 서비스: 포장 가능
- 방송 출연: 없음

지금까지 먹어본 적 없는 우엉의 식감을 느낄 수 있는 곳이다. 쫀득하고 쫄깃한 식감이 인상적이었는데 마치 우엉캐러멜을 먹는 듯 달고 짭조름하면서도 쫄깃한 식감이 특별하다. 왕김밥이라는 이름답게 당근과 달걀, 우엉이 푸짐하게 들어간다. 우엉조림의 쫀득한 식감과 달달한 맛에 호불호가 있는 편이나, 이 우엉 맛 하나에 반해 멀리서도 찾아오는 사람들이 있다고 하니 우엉을 좋아하는 분들은 꼭 가서 먹어보길 추천한다.

 한줄꿀팁　　현재는 사장님 아들이 운영 중

고객 리뷰

- 이곳의 참치김밥은 다른 참치김밥과는 차원이 달라요. 참치의 짭조름함과 우엉의 달콤함이 만나 완벽한 단짠조합을 만들어내요.
- 재료 하나 아끼지 않고 푸짐하게 넣어주는 집이에요. 돈이 아깝지 않아요.

나의 별점
☆☆☆☆☆

맛집 정복 완료!

스티커 or 스탬프

나루터김밥

"참치와 매운 우엉이 만나면? 참매엉김밥"

식당 정보

🏠	주소	경기 여주시 점동면 청안로 140
☎	전화번호	031-881-6070
🕐	운영시간	08:00-18:00 ※ 08:00-15:00 토요일 ※ 매주 일요일 휴무
💁	웨이팅 난이도	중
📋	주요 메뉴 및 가격	참매엉김밥 6,000원(추천), 매운우엉김밥 5,000원
✏️	김밥 사이즈	중간
🍴	속 재료	김, 밥, 깻잎, 참치, 매운양념우엉, 계란, 단무지, 당근, 맛살, 오이
💬	매장 서비스	매장 식사 가능, 포장 가능
▶	방송 출연	생활의달인 872회(23.01.09 김밥)

나루터김밥 QR로 보기

네이버 블로그리뷰 100개 미만의 숨은 김밥 맛집. 현지인들 중 아는 사람들만 찾아간다는 김밥집이다. 이곳에서 제일 유명한 메뉴는 이름도 독특한 참매엉김밥이다. 참매엉이란 참치와 매운 우엉이 합쳐진 말로 매콤한 양념을 한 우엉이 고소한 참치와 어우러져 완벽한 합을 선보인다. 맵기는 신라면 정도의 맵기로 맵찔이도 충분히 도전할 만하다. 약간 짜게 느껴질 수 있으니 다른 음식과 곁들여 먹기를 추천한다.

 한줄꿀팁　2호점(홍문동 287-2)

고객 리뷰

💬 매운양념으로 맛을 낸 우엉이 특별해요. 제법 매워서 치즈김밥과 함께 번갈아 가면서 드시길 추천해요.

나의 별점
☆☆☆☆☆

맛집 정복 완료!

스티커 or 스탬프

ESSAY
김밥의 본질이란 이런 게 아닐까

충격의 소금김밥 탐방기

혹시 수많은 김밥을 먹으면서 헉 소리를 낸 김밥은 무엇이었는지? 너무 맛있었거나 내가 생각한 김밥의 모습이 아니거나. 나에게는 그런 김밥이 하나 있다. 생김새부터 너무 충격적이라 2년 전에 먹었음에도 아직도 그 맛이 생생하게 기억 날 정도다. 지인이 숙성 회가 맛있다고 극찬을 하던 터라 서울에서 부천까지 직접 찾아갔었다. 부천역에 위치한 '맛객미식쇼'라는 곳인데, 다녀와서 찾아보니 이 음식점을 운영하는 사장님도 인간극장에 출연하며 꽤 유명하신 분이었다.

숙성 회를 시키고 메뉴판을 찬찬히 보는데 소금김밥이라는 메뉴가 딱 보이는 게 아닌가. 김밥에 소금의 조합이 사실 상상이 안 가다가도 너무 궁금해 바로 주문했다. 이 소금김밥을 딱 처음 봤을 때는 참 당황스러웠다. 다 터져버린 김과 밥에 약간의 고춧가루를 첨가한 어딘가 어설픈 생김새였다. 처음에는 김밥으로 장난을 친 건가 싶었지만 맛을 보고 그 생각은 깔끔히 사라졌다. 메뉴의 이름대로 소금김밥. 소금과 김, 밥이 재료의 끝이었지만 3가지의 합이 완벽했다. 다 터져 있던 김은 전남 완도산 100장에 28,000원 하는 최고가의 곱창돌김으로 오독거리는 식감과 바다향이 은은하게 풍겨져 왔고, 쌀은 고슬고슬 촉촉하기도 하면서 밥맛이 광장히 좋았다. 소금은 그냥 소금이 아닌 10년 동안 간수를 뺀 귀한 토판염에 고춧가루와 참기름을 섞은 것으로 부족한 간을 더해주었다. 소금이 거칠게 씹히는 걸 두고 별로라고 생각하는 사람들도 많았는데, 나는 개인적으로 그 식감마저 특별했다.

주변에 흔하게 볼 수 있는 여러 가지 재료들을 넣은 김밥이 아닌, 정말 김과 밥이라는 식재료에 집중해 김밥의 본질을 느끼게 해준 곳이다.

강원도

속초 장흥김밥 · 182p
속초 최대섭대박김밥 속초본점 · 184p
속초 선경분식 · 186p
강릉 옛빙그레 · 188p
강릉 초록김밥 · 190p

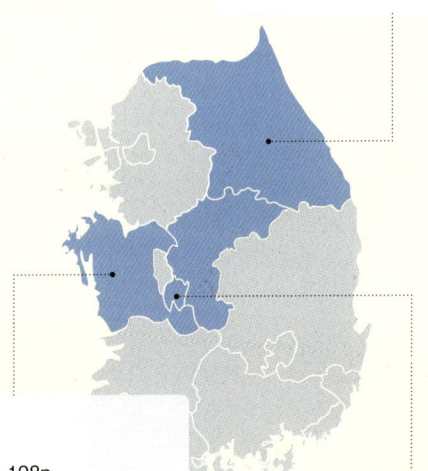

충청도

충주 김밥톡톡 · 198p
충주 장김밥 · 200p
청주 쇼킹 청주대점 · 202p
아산 정터진김밥왕 · 204p
태안 또와분식 · 206p
서천 원조큰길휴게실 · 208p

대전

대덕 김밥신화 · 192p
서구 봉달이명품김밥 · 194p
서구 엄마손김밥 · 196p

장홍김밥

✳ "명란김밥에 파채를 올려 먹는 속초중앙시장의 명물" ✳

식당 정보

🏠 주소	강원 속초시 중앙로147번길 16 1층 53호
☎ 전화번호	010-2980-0357
🕐 운영시간	12:00-19:00 ※ 매주 화요일 휴무 ※ 라스트오더 18:30
	※ 재료 소진시 조기마감
🧍 웨이팅 난이도	상
📋 주요 메뉴 및 가격	장홍김밥 8,000원(추천), 가리비젓갈 2,000원
🖊 김밥 사이즈	중간
🍱 속 재료	당근, 오이, 계란, 익힌명란(다진단무지 섞음), 건새우소스, 파채
💬 매장 서비스	포장 가능
▶ 방송 출연	생방송투데이 2966회(21.12.30 명란김밥)

장홍김밥
QR로 보기

속초의 특산물인 명란을 넣어 만든 명란김밥이다. 일반 명란김밥과는 다르게 명란에 단무지를 섞어 식감을 채웠다. 간이 다소 셀 줄 알았으나 오히려 담백함과 고소함이 진하게 묻어나 다른 재료들과의 조화가 좋았다. 김밥 위로 검은색 소스를 뿌려주는데 고소한 바다 맛이 진하게 올라오는 건새우 소스다. 단짠단짠의 매력을 가진 건새우 소스가 김밥의 전체적인 간을 채워준다. 김밥 위로 수북이 올라간 파채와 함께 싸 먹으면 개운하게 즐기기 좋다. 지역 특산물을 잘 활용해 맛있는 김밥을 만들어 낸 곳!

 한줄꿀팁 주말에는 2시간 전 전화주문 필수

고객 리뷰

- 처음 먹어보는 김밥 맛이에요! 다른 곳에서는 맛볼 수 없는 맛이라 강릉으로 여행 가신다면 한 번쯤은 꼭 드셔보길 추천해요!
- 김밥에 가리비젓갈 올려 먹으니 최고예요. 가리비젓갈은 잊지 말고 꼭 추가하세요!

나의 별점
☆☆☆☆☆

맛집 정복 완료!

스티커 or 스탬프

최대섭대박김밥 속초본점

"부탄가스 크기만큼 큰 대왕김밥"

식당 정보

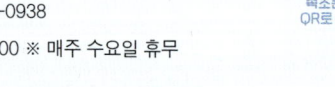

최대섭대박김밥
속초본점
QR로 보기

- 🏠 **주소**: 강원 속초시 중앙시장로 50 영보주택 105호
- ☎ **전화번호**: 033-6338-0938
- 🕐 **운영시간**: 11:00-19:00 ※ 매주 수요일 휴무
- **웨이팅 난이도**: 상
- **주요 메뉴 및 가격**: 명태회김밥 6,500원(추천), 명태튀김김밥 6,500원, 땡초멸치호두아몬드김밥 6,500원,
  ※ 초대형 사이즈로 변경시 9,000원
- ✏ **김밥 사이즈**: 중간
- **속 재료**: 김, 밥, 당근, 우엉, 계란, 오이, 단무지, 어묵, 양념명태회무침
- 💬 **매장 서비스**: 포장 가능
- ▶ **방송 출연**: 2TV생생정보통 486회(18.01.04), 맛있는녀석들 120회(17.06.09)

남자 사장님 혼자 운영하는 가게다. 지금은 이곳저곳에 지점이 많이 생겼지만, 본점으로 가면 사장님이 싸주는 정성이 듬뿍 담긴 김밥을 맛볼 수 있다. 한 줄 한 줄 정성스럽게 싸다 보니 오랜 기다림은 감수하고 가야 하는 곳이다. 모든 메뉴는 초대형 사이즈로 변경하여 주문도 가능하다. 김밥의 크기가 정말 컸는데, 부탄가스 크기에 버금갈 정도다(사진을 찍으려고 하니 부탄가스를 옆에 가져다줌). 밥은 적고 속 재료가 많은 프리미엄 김밥의 정석이었는데, 바다의 도시 속초답게 다양한 속초 특산물이 들어가는 김밥이 많아 골라 먹는 재미가 있다.

 한줄꿀팁　김밥이 너무 커서 꼭 비닐장갑을 한 손에 끼고 먹기를 추천!

고객 리뷰

- 김밥이 정말 커서 한 줄만 먹어도 배 터져요!
- 명태회김밥과 멍게김밥은 꼭 먹어보세요. 입안 가득 바다향이 퍼지는 게 정말 매력적이에요.

나의 별점
☆☆☆☆☆

맛집 정복 완료!
스티커 or 스탬프

69 선경분식

✳ "샐러드가 듬뿍 들어가는 샐러드김밥의 정석" ✳

식당 정보

선경분식
QR로 보기

주소		강원 속초시 동해대로 4236
전화번호		033-638-0331
운영시간		11:00-16:00 ※ 매주 토요일, 일요일 휴무
웨이팅 난이도		하
주요 메뉴 및 가격		샐러드김밥 4,000원(추천)
김밥 사이즈		중간
속 재료		김, 밥, 오이, 당근, 단무지, 상추, 샐러드범벅(햄, 오이, 어묵, 당근, 마요네즈)
매장 서비스		매장 식사 가능, 포장 가능
방송 출연		없음

마요네즈에 듬뿍 버무려진 샐러드가 들어간 김밥의 모습을 보고 한눈에 반해 찾아온 곳이다. 주말에는 운영하지 않아 관광객들은 잘 찾아오기 어려운 김밥집. 설상가상으로 이 샐러드김밥은 자주 품절이 나서 최대한 일찍 방문하는 것이 좋다. 마요네즈에 촉촉하게 버무려진 샐러드와 아삭한 채소들이 어우러져 부드럽게 넘어가는 맛있는 샐러드김밥이다. 상가 지하에 있는 작은 식당인데, 이 김밥 말고도 음식의 맛이 좋아 인근 직장인들에게 사랑받는 곳이라고 한다.

 한줄꿀팁 샐러드김밥이 마요네즈 베이스라 먹다 보면 느끼할 수 있다. 매콤한 라볶이와 함께 시켜 먹기를 추천!

고객 리뷰

- 속초 하면 장칼국수 유명한 것 아시죠? 얼큰한 장칼국수와 샐러드김밥 조합으로 한번 드셔보세요. 진짜 최고예요.
- 촉촉하게 버무린 햄야채샐러드를 가득 넣어줘서 너무 좋아요.

나의 별점

☆☆☆☆☆

맛집 정복 완료!

스티커 or 스탬프

70 옛빙그레

"매콤한 쫄사리 국물에 푹 찍어 먹는 옛날 김밥"

식당 정보

옛빙그레
QR로 보기

주소	강원 강릉시 임영로116번안길 12
전화번호	033-643-0622
운영시간	10:00-19:00 ※ 매주 화요일 휴무 ※ 재료 소진시 조기마감
웨이팅 난이도	하
주요 메뉴 및 가격	빙그레김밥(2줄) 6,000원(추천), 쫄사리 4,000원(추천)
김밥 사이즈	작음
속 재료	김, 밥, 계란, 어묵, 단무지, 부추
매장 서비스	매장 식사 가능, 포장 가능
방송 출연	없음

강릉 현지인들에게는 추억의 맛집으로 꼽히는 작고 오래된 분식집이다. 김밥보다는 쫄사리가 유명하지만, 쫄사리를 시키면 무조건 김밥은 시키게 된다. 쫄사리는 매콤한 국물에 쫄면 사리와 채소가 듬뿍 들어가는데 제법 매워서 김밥을 자연스레 찾게 된다. 김밥은 그저 평범한데 빨간 쫄사리 국물에 흠뻑 적셔 먹으면 정말 맛있다. 학창시절 학교 앞 분식집을 떠오르게 하는 추억의 맛!

 한줄꿀팁   마감시간이 일정하지 않아 꼭 전화해보고 가길 추천

고객 리뷰

💬 30년 단골이에요. 딱 옛날 스타일 김밥 맛이라 특별한 건 없지만 손맛이 최고예요.

💬 학창시절 추억의 맛 그대로네요. 매콤한 쫄사리에 김밥을 푹 찍어 먹어보세요.

 나의 별점
☆ ☆ ☆ ☆ ☆

맛집 정복 완료!

스티커 or 스탬프

초록김밥

"믿고 가는 강릉 현지인 추천 맛집"

식당 정보

- **주소** : 강원 강릉시 성덕로 316-15 이안상가
- **전화번호** : 033-651-0080
- **운영시간** : 11:00-20:00 ※ 09:30-20:00 주말
- **웨이팅 난이도** : 중
- **주요 메뉴 및 가격** : 초록김밥 3,500원(추천), 참치김밥 4,000원
- **김밥 사이즈** : 중간
- **속 재료** : 김, 밥, 계란, 우엉, 시금치, 당근, 맛살, 단무지, 햄
- **매장 서비스** : 포장 가능, 배달 가능
- **방송 출연** : 없음

초록김밥
QR로 보기

강릉 현지인들의 제보에 방문한 곳이다. 강릉 맘카페에서는 유명한 김밥집이라고 한다. 특별한 재료가 들어가진 않지만, 담백하고 깔끔한 맛의 김밥이다. 재료들을 정말 아낌없이 푸짐하게 넣어주는데 그럼에도 간이 강하게 느껴지지 않아 좋다.

 한줄꿀팁 참치김밥에 와사비소스와 청양고추 추가하는 게 국룰

고객 리뷰

💬 참치김밥에 와사비소스는 꼭 추가해서 먹어보세요! 참치와 톡 쏘는 와사비가 정말 잘 어울려요.

💬 이곳은 김밥도 맛있지만, 특제 파프리카소스로 만든 떡볶이도 맛있어요! 꼭 드셔보세요.

맛집 정복 완료!

나의 별점

☆☆☆☆☆   스티커 or 스탬프

72 김밥신화

※ "밥 대신 달걀지단을 넙적하게 깔아 만든 속이 편한 김밥" ※

식당 정보

김밥신화
QR로 보기

주소		대전 대덕구 중리로 51
전화번호		042-636-9967
운영시간		08:00-20:00 ※ 매주 화요일 휴무
웨이팅 난이도		중
주요 메뉴 및 가격		다이어트김밥 6,000원(추천), 신화김밥 2,500원
김밥 사이즈		큼
속 재료		김, 계란(밥 대신), 양배추, 당근, 오이, 어묵, 우엉, 계란, 단무지
매장 서비스		매장 식사 가능, 포장 가능
방송 출연		없음

꼬다리 먼저 사수해야 하는 김밥. 김 사이즈보다 넓적하게 펼쳐낸 달걀 지단이 더 크다는 게 이곳의 핵심이다. 노릇노릇하게 구운 지단이 고소함과 부드러움을 담당하고 속을 가득 채운 갖가지 채소들이 아삭함을 담당한다. 크기가 정말 커서 한 줄만 먹어도 배부르다는 말이 절로 나올 것이다. 소화까지 잘되는 완벽한 김밥!

 한줄꿀팁 다이어트김밥은 미리 전화주문 필수!

고객 리뷰

🗨 겉바속촉의 끝판왕! 바삭한 소보루김밥으로 유명해요. 김밥 안에 청양고추가 들어가서 느끼함을 잡아줘요.

나의 별점
☆☆☆☆☆

···· 맛집 정복 완료! ····

스티커 or 스탬프

봉달이명품김밥

✷ "참기름 한 통을 다 때려부은 듯한 고소함" ✷

식당 정보

🏠	주소	대전 서구 둔산로 15 향촌아파트
☎	전화번호	042-472-8240
🕐	운영시간	영업시간이 일정하지 않아 전화 후 방문 ※ 매주 화요일 휴무
🚶	웨이팅 난이도	중
📋	주요 메뉴 및 가격	우엉야채김밥 4,000원(추천), 와사비참치김밥 6,000원
✏️	김밥 사이즈	중간
😋	속 재료	김, 밥, 우엉, 햄, 단무지, 당근, 어묵, 계란, 깨소금시금치
💬	매장 서비스	포장 가능
▶️	방송 출연	없음

봉달이명품김밥 QR로 보기

별다른 기교를 부리지 않은 김밥인데 먹자마자 맛깔스러운 고소함이 입안에 확 퍼진다. 세 가지 맛의 김밥을 다 먹어보았으나 기본이 제일 맛있었다. 기본을 탄탄히 해야 한다는 진리를 다시 한번 깨달은 집이다. 분명 입으로 넣었는데 코로 고소함이 미친 듯이 뿜어져 나온다.

 한줄꿀팁 반드시 영업시간 확인 후 방문할 것(필자도 두 번의 시도 끝에 성공)

고객 리뷰

💬 족발김밥도 별미예요. 특허까지 받은 족발김밥은 전국에서 이곳이 유일!

나의 별점   맛집 정복 완료!
☆☆☆☆☆   스티커 or 스탬프

74 엄마손김밥

※ "자꾸만 손이 가는 엄마표 김밥" ※

식당 정보

🏠	주소	대전 서구 가장로 106 삼성래미안아파트관리소
☎	전화번호	042-538-6800
🕐	운영시간	06:00-18:00 ※ 06:00-17:00 토요일 ※ 06:00-16:00 일요일
📍	웨이팅 난이도	중
📋	주요 메뉴 및 가격	엄마손김밥 3,000원(추천), 소고기김밥 4,500원, 돈가스김밥 4,500원
✏️	김밥 사이즈	중간
🥢	속 재료	김, 밥, 어묵, 계란, 햄, 당근, 시금치, 우엉
💬	매장 서비스	포장 가능
▶️	방송 출연	없음

엄마손김밥 QR로 보기

대전 현지인들에게 유명한 김밥집. 주말이 되면 줄이 옆 가게까지 길게 늘어설 정도라고. 엄마가 만들어주는 김밥처럼 생김새는 정말 평범해 보이지만, 전체적인 맛의 밸런스가 좋아 자꾸만 손이 가는 김밥이다. 특히 진하게 졸여낸 우엉이 김밥 안에서도 특유의 반짝거림으로 존재감을 드러냈는데 쫀득하면서도 부드러워 김밥 감칠맛에 한몫한 것 같다.

한줄꿀팁 기본 김밥을 제외한 메뉴들은 전화주문 후 방문 추천!

고객 리뷰

💬 집김밥 스타일을 좋아한다면 추천해요. 매콤함을 찾는다면 제육김밥 꼭 드셔 보세요!

나의 별점
☆☆☆☆☆

맛집 정복 완료!

스티커 or 스탬프

김밥톡톡

※ "사장님이 직접 캐서 만든 산나물 김밥" ※

식당 정보

김밥톡톡
QR로 보기

- 주소: 충북 충주시 용정2길 40 영진보람아파트 상가
- 전화번호: 043-851-8789
- 운영시간: 08:20-20:00 ※ 08:00-15:00 토요일 ※ 매주 일요일 휴무
- 웨이팅 난이도: 하
- 주요 메뉴 및 가격: 산불김밥(산나물+불고기) 5,000원(추천)
  명불김밥(명이+불고기) 5,000원(추천)
- 김밥 사이즈: 중간
- 속 재료: 김, 밥, 당근, 어묵, 단무지, 우엉, 계란, 깻잎, 산나물, 불고기
- 매장 서비스: 매장 식사 가능, 포장 가능
- 방송 출연: 생방송투데이 3026회(22.04.11 산나물김밥),
  생방송오늘저녁 1559회(21.05.17 산나물김밥)

가게 이름처럼 산나물 향이 톡톡 퍼지는 신기한 김밥이다. 사장님이 직접 캔 산나물로 만들어 특허까지 낸 김밥이다. 가게 곳곳에는 산나물 사진들과 사장님이 직접 그린 그림들이 걸려 있어 사장님이 얼마나 산나물에 진심인지 알 수 있다. 나물을 싫어하는 사람도 불고기가 들어 있어 거부감 없이 먹기 좋다. 산나물의 향긋함과 불고기가 만나 마치 비빔밥을 먹는 듯하다.

 한줄꿀팁 매장에서 먹고 가면 밑반찬으로 직접 담은 명이나물을 주신다!

고객 리뷰

- 불고기 덕분에 나물을 좋아하지 않아도 즐길 수 있어요.
- 나물에 진심인 사장님! 나물 농장도 운영하신대요!

나의 별점
☆☆☆☆☆

맛집 정복 완료!

스티커 or 스탬프

장김밥

"참치마요에 생와사비가 들어가는 짜릿함"

식당 정보

🏠	주소	충북 충주시 행정8길 26
☎	전화번호	043-853-4396
🕐	운영시간	07:30-15:00
📍	웨이팅 난이도	중
📋	주요 메뉴 및 가격	생와사비김밥 4,500원(추천), 돈가스김밥 4,500원
✏️	김밥 사이즈	중간
🍙	속 재료	김, 밥, 당근, 단무지, 오이, 햄, 맛살, 계란, 깻잎, 참치, 생와사비
💬	매장 서비스	매장 식사 가능, 포장 가능
▶️	방송 출연	없음

장김밥
QR로 보기

오래된 동네 커피숍처럼 생긴 작은 가게다. '새벽에 커피와 김밥을 함께 먹을 수 있는 집'이라는 카피 그대로 반은 카페로 운영하고 반은 분식점으로 운영하고 있다. 분식을 먹으며 커피도 한 잔 할 수 있는 이상적인 곳이다. 이곳은 생와사비김밥으로 정말 유명한데 먹자마자 코끝이 찡해지는 짜릿한 맛의 김밥이다. 부드러운 참치마요에 생와사비가 들어가니 깔끔하고 개운해서 좋다.

 한줄꿀팁   카페도 함께 운영하고 있으니 후식으로 카페인 충전!

고객 리뷰

💬 김밥과 함께 커피와 음료도 주문해서 먹을 수 있는 집! 알싸한 생와사비가 들어가는 와사비참치김밥 추천해요. 치즈를 듬뿍 넣어주는 치즈스파떡볶이도 추천해요.

나의 별점

☆☆☆☆☆

맛집 정복 완료!

스티커 or 스탬프

쇼킹 청주대점

"오징어김밥 위에 마요네즈와 초장을 뿌린 쇼킹한 맛"

식당 정보

주소	충북 청주시 청원구 수암로 97
전화번호	043-223-5573
운영시간	10:00-20:00
웨이팅 난이도	중
주요 메뉴 및 가격	오징어김밥 5,000원(추천), 치즈라볶이 5,000원
김밥 사이즈	중간
속 재료	밥, 김, 깻잎, 계란, 당근, 단무지, 햄, 어묵, 삶은오징어, 마요네즈, 초장
매장 서비스	매장 식사 가능, 포장 가능
방송 출연	없음

쇼킹 청주대점
QR로 보기

청주대학생이라면 모르는 사람이 없는 분식집이다. 학교를 졸업해도 이 맛을 못 잊어 가끔씩 찾아간다는 사람을 종종 봤다. 누드 형태로 말아낸 김밥 위에 새빨간 초장소스와 마요네즈를 한 줄로 듬뿍 뿌려주는 게 특징이다. 새콤달콤한 초장 맛과 마요네즈가 김밥 속에 있는 오징어와 정말 잘 어울린다. 오동통하면서도 쫄깃한 오징어의 식감이 최고다. 치즈라볶이를 시키면 치즈를 정말 아낌없이 주는데 살짝 섞어서 치즈를 녹인 다음 김밥을 찍어 먹는 것도 별미 중 별미다.

 한줄꿀팁 학교 앞 분식집이다 보니 양이 정말 푸짐하다!

고객 리뷰

- 청주대생들의 오랜 단골집이에요. 오징어김밥에 치즈라볶이 추가는 국룰!
- 오징어김밥은 생각보다 양이 많아요(일반 김밥 한 줄 반 정도). 2명이서 김밥 하나에 라볶이 하나면 양이 딱 좋아요.

나의 별점

☆☆☆☆☆

맛집 정복 완료!

스티커 or 스탬프

정터진김밥왕

✳ "나만 알고 싶은 불맛 가득한 우엉의 풍미" ✳

식당 정보

주소	충남 아산시 둔포면 윤보선로336번길 96
전화번호	041-531-6765
운영시간	07:30-19:30 ※ 14:30-16:00 브레이크타임 ※ 07:30-14:30 토요일 ※ 매주 일요일 휴무
웨이팅 난이도	상
주요 메뉴 및 가격	직화우엉김밥 4,000원(추천), 참치김밥 4,500원
김밥 사이즈	중간
속 재료	김, 밥, 계란, 당근, 맛살, 단무지, 어묵, 직화우엉
매장 서비스	매장 식사 가능, 포장 가능
방송 출연	없음

정터진김밥왕 QR로 보기

나만 알고 싶었던 김밥집. 김밥집에 미슐랭을 달아줄 수 있다면 이곳은 무조건이다. 이 김밥을 먹기 위해 아산까지 달려가도 아깝지 않을 김밥 맛집이다. 일반 김밥과 생김새는 비슷하지만, 우엉에서 불맛이 올라와 마치 숯불고기가 들어간 김밥을 먹는 듯한 착각을 일으킨다. 김도 살짝 태워 전체적으로 불맛 가득하고 고급스러운 맛이다. 불맛을 내기 위해 첨가물이나 목초액은 전혀 사용하지 않고 우엉에 다섯 가지 맛을 입힌다고 하니 맛도 맛이지만 그 정성 또한 최고인 집이다.

 한줄꿀팁 직화 우엉의 맛을 진하게 느끼려면 기본 김밥을 추천

고객 리뷰

💬 라면 하나에도 정성이 가득한 곳. 채수로 끓여낸 라면에 청주산 마늘에 재운 소고기까지 들어가 특별한 맛이에요!

💬 고기가 없는데 고기 맛이 나는 신기한 김밥.

나의 별점

☆☆☆☆☆

맛집 정복 완료!

스티커 or 스탬프

또와분식

※ "태안에 놀러가면 꼭 먹어야 할 음식 1위" ※

식당 정보

🏠	주소	충남 태안군 태안읍 중앙로 79
☎	전화번호	041-675-4457
🕐	운영시간	05:00-19:00
📍	웨이팅 난이도	중
📋	주요 메뉴 및 가격	김치김밥 4,000원(추천), 김밥 3,500원, 땡초김밥 4,000원
✏️	김밥 사이즈	중간
🍴	속 재료	김, 밥, 계란, 햄, 당근, 오이, 단무지, 어묵, 김치
💬	매장 서비스	매장 식사 가능, 포장 가능
▶	방송 출연	없음

또와분식
QR로 보기

여행에 김밥은 빠질 수 없다. 태안은 게국지로도 유명하지만, 현지인들은 이 김밥집을 먼저 추천한다. 태안으로 낚시하러 온 낚시꾼들에겐 너무 유명한 곳이라고. 이곳은 가마솥으로 밥을 짓고 뜸을 오랜 시간 들여 밥맛이 정말 좋다. 김에 찰진 밥을 턱하니 올리고 재료를 무심하게 툭툭 넣어 말아주는데 아주 인상적이었던 점은 손으로 깨를 발라준다는 것. 고소함을 묻히는 작은 퍼포먼스에 먹기도 전인데 군침이 가득 돈다. 먹어보니 역시나 밥맛이 좋아 김밥이 꿀떡꿀떡 넘어간다.

 한줄꿀팁 근처에 바다가 있으니 바다를 보며 먹어보는 것도 추천!

고객 리뷰

- 밥맛은 정말 끝내주는 집! 정말 꿀떡꿀떡 넘어간다는 말이 어떤 말인지 느끼실 수 있어요.
- 매운 거 좋아하면 땡초김밥은 꼭 먹어보세요.

나의 별점
☆☆☆☆☆

맛집 정복 완료!

스티커 or 스탬프

원조큰길휴게실

"튀김옷 입혀 바삭바삭하게 튀겨주는 튀김김밥"

식당 정보

🏠	주소	충남 서천군 장항읍 장항로 174
☎	전화번호	041-956-0657
🕐	운영시간	11:00-19:30 ※ 매주 일요일 휴무
👣	웨이팅 난이도	하
📋	주요 메뉴 및 가격	튀김김밥 4,000원(추천), 떡볶이 4,000원, 수제김말이 3,000원
✏	김밥 사이즈	큼
ⓢ	속 재료	튀김옷, 김, 밥, 계란, 햄, 단무지, 오이, 우엉
💬	매장 서비스	매장 식사 가능, 포장 가능
▶	방송 출연	생활의달인 685회(19.08.26 튀김김밥)

원조큰길휴게실
QR로 보기

이제는 김밥도 튀긴다. 튀김김밥으로 생활의 달인에 선정된 곳이다. 충남 서천군에 위치에 있지만, 군산 시내와도 가까워 군산 여행객들도 많이 방문하는 곳이다. 튀김옷을 입힌 다음 노릇하고 바삭하게 튀겨낸 튀김김밥은 갓 나왔을 때가 가장 맛있다. 겉은 바삭하고 속은 뜨끈하고 촉촉하다. 튀김옷 덕분에 김밥이 한층 더 고소해진다. 매콤달콤한 쌀떡볶이도 시켜서 떡볶이 국물에 푹 찍어먹으면 질리지 않고 끝까지 먹을 수 있다.

 한줄꿀팁　군산 시내에서 차로 10분 거리

고객 리뷰

- 주문하자마자 튀겨주는 튀김김밥은 갓 나왔을 때가 제일 맛있어요. 겉바속촉의 끝판왕!
- 떡볶이 국물은 많이 담아달라고 요청해서 푹 찍어 드시길 추천 드려요.

나의 별점
☆☆☆☆☆

맛집 정복 완료!

스티커 or 스탬프

대구 · 경상도 · 울산

경상도

포항 벚꽃김밥 •220p
포항 유강엄마손김밥 •222p
포항 죽장휴게소 •224p
경주 보배김밥 •226p
경주 교리김밥 본점 •228p
청도 할매김밥 •230p
김천 눈물이펑펑 •232p
김천 오단이꼬마김밥 •234p
안동 원진네김밥 •236p
진주 땡초김밥 본점 •238p
창원 아희손김밥 •240p
창원 창동분식 •242p
사천 삼천포충무김밥 •244p
사천 유정김밥 •246p
거제 쌤김밥 •248p
거제 배말칼국수김밥 본점 •250p
통영 풍화김밥 •252p

대구

동구 효목김밥 •212p
중구 에덴김밥 •214p
중구 바뷔치 중앙로점 •216p
달서구 뚱채김밥 •218p

울산

자성당 •254p
새벽을여는김밥 •256p

효목김밥

"생활의 달인이 말아주는 한우 소고기 김밥"

식당 정보

주소	대구 동구 아양로50길 19 1층
전화번호	053-959-0789
운영시간	06:30-17:00 ※ 매주 일요일 휴무 ※ 재료 소진시 조기마감
웨이팅 난이도	상
주요 메뉴 및 가격	스페셜김밥 5,700원(추천), 매운김밥 4,300원, 소고기김밥 5,200원
김밥 사이즈	큼
속 재료	김, 밥, 계란, 오이, 맛살, 어묵, 단무지, 당근, 우엉, 한우소고기, 청양고추 양념
매장 서비스	포장 가능
방송 출연	생활의달인 660회(19.03.04 소고기김밥)

효목김밥 QR로 보기

한우소고기를 넣은 김밥으로 유명한 대구의 김밥집이다. 소고기를 다져 넣지 않고 얇게 썰어 넣어 특유의 도톰한 식감이 살아 있다. 큼직하게 말아주는 김밥은 밥 양이 다른 곳보다 많아 전체적으로 심심하게 느껴질 수 있다. 매콤한 청양고추 양념이 들어가는 매운김밥이나 스페셜김밥(한우소고기+청양고추 양념)을 먹어보기를 추천한다. 생활의 달인 사장님이 직접 만든 청양고추 양념은 매콤한 감칠맛이 더해져 더욱 조화로운 맛을 느낄 수 있다.

 한줄꿀팁 전화예약 필수!

고객 리뷰

- 밥 양이 생각보다 많아요. 조금 심심한 맛이라 매운김밥이나 스페셜김밥을 추천드려요. 스페셜김밥은 소고기김밥에 고추 양념을 추가한 거예요.
- 3시간 전에는 주문필수인 김밥집이에요. 현지인도 사 먹기 어려운 곳.

나의 별점
☆☆☆☆☆

맛집 정복 완료!

스티커 or 스탬프

에덴김밥

✳ "고소함 가득한 김밥의 정체, 열려라 참깨" ✳

식당 정보

🏠	주소	대구 중구 큰장로26길 6 서문시장 5지구 3호
☎	전화번호	053-256-6188
🕐	운영시간	06:00-18:00 ※ 매주 일요일 휴무
👥	웨이팅 난이도	하
📋	주요 메뉴 및 가격	에덴김밥 3,000원(추천), 계란김밥(김밥전) 5,500원
✏	김밥 사이즈	중간
🥘	속 재료	김, 밥, 깨소금(고기와 섞음), 계란, 시금치, 어묵, 단무지
💬	매장 서비스	매장 식사 가능, 포장 가능
▶	방송 출연	없음

에덴김밥 QR로 보기

김에 밥을 깐 다음 주걱으로 정체 모를 재료를 흠뻑 떠서 뿌려주는데, 깨 소금과 고기를 섞은 것이다. 고소한 김밥을 만드는 이곳만의 비법이다. 속 재료는 특별한 것이 없지만, 깨가 오독오독 씹히며 고소함이 입안 가득 퍼지는 매력적인 김밥이다. 함께 주는 김치도 정말 맛있는데, 김밥 위에 살짝 올려 한입에 먹으면 그 맛이 최고다.

 한줄꿀팁 달걀물을 묻혀 즉석에서 바로 구워주는 김밥전도 별미

고객 리뷰

- 할머니가 끓여주는 칼제비와 국수 메뉴도 있어 다양하게 골라 먹기 좋아요.
- 가게에서 먹고 가면 밑반찬과 함께 김치를 내어주시는데 김치 맛집입니다. 김치 때문에 또 가고 싶은 곳(김치는 따로 판매도 함).

나의 별점

☆☆☆☆☆

맛집 정복 완료!

스티커 or 스탬프

바뷔치 중앙로점

※ *"참치김밥이 칼칼하고 얼큰한 이유"* ※

식당 정보

주소	대구 중구 중앙대로81길 1
대중교통	중앙로역 1번 출구에서 24m
전화번호	053-431-3303
운영시간	05:00-23:00 ※ 06:00-23:00 토요일
웨이팅 난이도	하
주요 메뉴 및 가격	매참김밥(매운참치) 3,800원(추천), 햄치즈토스트 3,000원
김밥 사이즈	중간
속 재료	김, 밥, 계란, 햄, 오이, 단무지, 양념어묵, 양파참치마요
매장 서비스	매장 식사 가능, 포장 가능
방송 출연	생활의달인 660회(19.03.04 소고기김밥)

바뷔치 중앙로점
QR로 보기

대구에서 나고 자랐다면 알 법한 유명한 김밥집. 매운김밥, 참치김밥은 많이 들어봤지만 매운참치김밥은 이름이 생소해서 그 맛이 궁금했다. 매운참치김밥이라고 해서 청양고추가 다져서 들어가거나 매콤한 장아찌가 들어가지 않을까 예상했지만, 이곳은 매콤 칼칼한 빨간 소스와 생양파가 들어간다. 빨간 소스는 신전떡볶이의 소스처럼 후추 맛이 강해 전체적으로 김밥이 얼큰하고 개운한 맛이다. 중간중간 아삭하게 씹히는 양파 맛도 좋다.

 한줄꿀팁   2호점(대구광역시 달서구 성서로 420)

고객 리뷰

> 마가린에 구워 고소한 토스트는 여기 오면 꼭 시켜야 하는 메뉴 중 하나예요. 달달한 소스가 들어가 있어 매참김밥과도 궁합이 최고!

나의 별점
☆☆☆☆☆

맛집 정복 완료!

스티커 or 스탬프

84 뚱채김밥

✻ "김밥을 한 손에 들고 통으로 뜯어먹는 로망이 있다면" ✻

식당 정보

주소	대구 달서구 당산로 178
대중교통	강삼역 3번 출구 229m
전화번호	053-586-8688
운영시간	06:00-19:30 ※ 06:00-18:00 토요일 ※ 매주 일요일 휴무
웨이팅 난이도	중
주요 메뉴 및 가격	참치랑진미랑 3,000원(추천), 매콤진미김밥 2,500원, 둘둘이 1,500원
김밥 사이즈	작음
속 재료	김, 밥, 우엉, 맛살, 오이, 당근, 참치, 양념진미채
매장 서비스	포장 가능
방송 출연	생활의달인 776회(20.12.14 김밥)

뚱채김밥 QR로 보기

요즘에는 잘 볼 수 없는 통김밥을 맛볼 수 있는 김밥집이다. 김에 갖은 채소로 양념한 밥을 가득 채워주는데 속 재료로 단무지 하나가 끝이라 슴슴하지만 고소한 맛이 특징이다. 김밥 한 줄 가격이 현재도 1,500원이라는 점이 가장 놀랍다. 통김밥은 호불호가 있는 편이라 매콤한 진미채가 들어가는 일반 김밥이 인기가 있다. 특히 진미채와 참치가 들어가는 참치랑진미랑김밥은 매콤달콤한 양념에 고소한 참치 맛까지 어우러져 누구나 좋아할 맛이다.

 한줄꿀팁   달걀물을 묻혀 즉석에서 바로 구워주는 김밥전도 별미

고객 리뷰

- 〈생활의 달인〉에도 나왔다고 해서 방문했는데 통김밥보단 매콤진미김밥이 별미네요. 중독성 있어요.
- 요즘 김밥집에 통김밥은 보기 어려운데 추억의 맛이네요.

나의 별점
☆☆☆☆☆

맛집 정복 완료!

스티커 or 스탬프

벚꽃김밥

✻ "사장님표 특제 재료로 만들어 자꾸 손이 가는" ✻

식당 정보

🏠 주소	경북 포항시 북구 새천년대로 1123 부산프라자 1층 123호	
☎ 전화번호	010-3188-0002	
🕐 운영시간	10:00-19:00 ※ 매주 월요일,일요일 휴무	
📍 웨이팅 난이도	하	
📋 주요 메뉴 및 가격	오이장아찌김밥 4,000원(추천), 매콤어묵김밥 3,500원	
✏ 김밥 사이즈	큼	
🍙 속 재료	김, 밥, 계란, 우엉, 당근, 오이장아찌, 양념어묵	
💬 매장 서비스	포장 가능	
▶ 방송 출연	없음	

벚꽃김밥 QR로 보기

포항 창포동 부산프라자 뒷편에 위치한 작은 가게로 아는 사람만 찾아가는 숨은 맛집이다. 양배추와 다시마, 오이, 고추 등의 재료를 새콤하게 절여 넣은 독특한 김밥을 맛볼 수 있는 곳이다. 대표 메뉴는 새콤하게 절인 오이지가 통으로 들어간 오이지김밥과 다시마채가 듬뿍 들어가는 다시마김밥이다. 재료를 아끼지 않고 푸짐하게 넣어준다. 새콤달콤하면서도 아삭한 식감까지 더해지니 자꾸 손이 간다.

 한줄꿀팁 사장님 혼자 운영하는 작은 가게라 미리 전화주문 필수

고객 리뷰

💬 벚꽃김밥에 가시면 다시마김밥과 양배추김밥, 장아찌김밥은 꼭 드셔보세요! 사장님의 정성이 가득 느껴지는 맛이에요.

나의 별점

☆☆☆☆☆

맛집 정복 완료!

스티커 or 스탬프

유강엄마손김밥

86

"반줄김밥의 달인이 말아주는 매콤한 어묵김밥"

식당 정보

🏠	주소	경북 포항시 북구 죽도시장길 20
☎	전화번호	010-8688-0462
🕘	운영시간	09:00-18:00 ※ 매주 화요일 휴무
👥	웨이팅 난이도	중
📋	주요 메뉴 및 가격	매운김밥 5,000원(추천), 빨간오뎅 700원
✏️	김밥 사이즈	작음
😋	속 재료	김, 밥, 어묵, 당근, 오이, 단무지, 양념어묵
💬	매장 서비스	매장 식사 가능, 포장 가능
▶️	방송 출연	생활의달인 805회 (21.07.05 반줄김밥)

유강엄마손김밥
QR로 보기

포항 죽도시장 내부에 위치한 유강엄마손김밥은 주말에 가면 길게 늘어선 줄로 발 디딜 틈 없다. 이곳의 김밥은 꼬마김밥보다는 크고 일반 김밥보다는 작아 반줄김밥이라고도 불린다. 맛은 매운 맛과 순한 맛 두 가지가 있는데 매운 맛은 불닭볶음면의 맵기와 비슷하다. 매콤달콤한 양념으로 졸인 어묵이 가득해 먹으면 먹을수록 자꾸 생각나는 중독성 강한 김밥이다.

 한줄꿀팁 김밥은 포장만 가능

고객 리뷰

- 죽도시장의 유명한 먹거리 중에 하나! 매운 김밥이 먹고 싶을 때 이곳만 한 곳이 없어요.
- 김밥도 맛있지만, 빨간색 양념을 듬뿍 묻힌 빨간오뎅과 빨간떡은 꼭 드셔보세요.

나의 별점 ☆☆☆☆☆

맛집 정복 완료!

스티커 or 스탬프

죽장휴게소

※ "도라지청에 하루 동안 절인 어묵이 들어가 풍미 가득" ※

식당 정보

주소	경북 포항시 북구 죽장면 새마을로 3094 죽장주유소
전화번호	054-262-1548
운영시간	00:00-24:00
웨이팅 난이도	하
주요 메뉴 및 가격	조청김밥(한줄) 3,500원(추천)
김밥 사이즈	작음
속 재료	김, 밥, 오이, 당근, 단무지, 계란, 조청어묵
매장 서비스	포장 가능
방송 출연	생활의달인 689회 (19.09.23 조청김밥)

죽장휴게소 QR로 보기

포항으로 들어가는 고속도로 어딘가, 독특한 김밥을 판다는 제보를 받고 찾아간 곳이다. '이곳에서 김밥을 판다고?'라는 말이 절로 나올 정도로 번화가와는 멀리 떨어진 구석진 곳에 위치해 있다. 김밥 종류는 딱 한 가지로 도라지조청에 하루 동안 졸인 어묵을 넣은 조청김밥이다. 밥 양이 많지만 조청에서 나온 갈색빛 양념이 밥까지 촉촉하게 스며들어 간도 딱 알맞다. 약간 달게 느껴질 수 있지만 설탕과 같은 인위적이고 텁텁한 느낌이 없다. 깔끔한 단맛으로 할머니의 손맛이 은은하게 느껴지는 김밥이다.

 한줄꿀팁 운영시간이 일정하지 않아 방문하기 전 전화로 확인하고 갈 것!

고객 리뷰

💬 4시간 동안 우린 도라지물에 수수밥을 넣고 하룻밤 삭힌 다음, 약불에서 하루 정도 달이고 며칠이나 숙성해 수수조청을 만든다고 해요. 이 조청에 절인 어묵은 특별한 단맛을 내요.

나의 별점		맛집 정복 완료!
☆☆☆☆☆		스티커 or 스탬프

보배김밥

✷ "쫀득한 우엉조림이 하드캐리하다" ✷

식당 정보

주소	경북 경주시 원화로281번길 11 성동시장
전화번호	054-772-7675
운영시간	07:00-21:00
웨이팅 난이도	중
주요 메뉴 및 가격	우엉김밥(2줄) 5,000원(추천)
김밥 사이즈	작음
속 재료	김, 밥, 계란, 맛살, 단무지, 어묵, 우엉조림
매장 서비스	포장 가능
방송 출연	식객허영만의백반기행 78회(20.11.20 우엉김밥)
	생방송아침이좋다 893회(19.11.25 우엉김밥)

보배김밥
QR로 보기

경주 성동시장에 위치한 보배김밥은 쫀득한 우엉조림을 김밥 위에 듬뿍 올려주는 것으로 유명하다(김밥을 주문하면 할머니가 우엉조림 한 주먹을 김밥 위로 척하고 올려준다). 물엿으로 달짝지근하게 코팅된 우엉이 냄비 한 가득 쌓여 있는 것도 주요 볼거리다. 김밥만 먹었을 땐 심심한 편이라 쫀득한 우엉조림을 조금씩 올려 먹어야 더욱 맛있게 먹을 수 있다. 우엉은 단맛이 강해 전체적으로 달달한 맛이 특징이다.

 한줄꿀팁   성동시장 내 만 원 이상 구매시 주차 30분 무료

고객 리뷰

- 이곳의 우엉조림은 따로 판매할 정도로 유명해요. 달콤하고 쫀득한 맛이 일품이에요!
- 특별한 맛은 아니지만, 김밥 옆에 쫀득한 우엉조림을 듬뿍 올려주는 것이 특별해요!

나의 별점

☆☆☆☆☆

맛집 정복 완료!

스티커 or 스탬프

교리김밥 본점

"경주 가면 꼭 먹어야 하는 50년 전통의 전국 3대 김밥"

식당 정보

주소	경북 경주시 탑리3길 2	
전화번호	054-772-5130	
운영시간	08:30-17:30 ※ 08:30-18:30 토요일, 일요일 ※ 매주 수요일 휴무	
웨이팅 난이도	상	
주요 메뉴 및 가격	교리김밥(2줄) 11,000원(추천)	
김밥 사이즈	중간	
속 재료	김, 밥, 계란, 오이, 당근, 우엉, 햄, 단무지	
매장 서비스	매장 식사 가능, 포장 가능	
방송 출연	맛있는녀석들 120회(17.06.09), 2TV생생정보통 308회(17.04.17) 백종원의3대천왕 31회(16.04.02), 2TV생생정보 23회(16.02.03) 생생정보통 889회, 생활의달인 524, 502, 410, 406, 356회	

교리김밥 본점 QR로 보기

1960년대 경주의 작은 구멍가게로 시작해 이제는 전국 3대 김밥집 중 하나로 불리는 김밥집이다. 전국에 있는 모든 달걀김밥의 원조격이라고 할 수 있는 이곳의 김밥은 특별한 재료 없이 오로지 짭조름하고 고소한 달걀으로 맛을 낸 것이 특징이다. 얇게 썬 지단이 듬뿍 들어가 폭신폭신한 식감 또한 매력적인데, 특별한 재료가 들어가진 않지만, 전체적인 맛의 밸런스가 좋아 많은 사람들에게 사랑받는 곳이다.

 한줄꿀팁 경주에 본점 말고 3개 지점이 더 있음

(황성로 31 확성직영점, 태종로 746 봉황대점, 보문로 424-11 보문점)

고객 리뷰

- 잔치국수 메뉴도 있어 김밥에 곁들여 먹기 좋아요. (잔치국수를 먹어야만 매장 이용이 가능해요)
- 달걀김밥은 간이 세다는 평도 있지만 그 짭조름한 매력에 계속 손이 가요.

나의 별점

☆ ☆ ☆ ☆ ☆

맛집 정복 완료!

스티커 or 스탬프

할매김밥

※ "꼬독꼬독 매콤한 무말랭이를 넣고 말아주는 할매 손맛" ※

식당 정보

할매김밥 QR로 보기

주소	경북 청도군 청도읍 고수동4길 15-3
전화번호	054-371-5857
운영시간	10:30-17:00 ※ 매주 토요일,일요일 휴무
웨이팅 난이도	중
주요 메뉴 및 가격	김밥(6줄) 4,000원(추천)
김밥 사이즈	작음
속 재료	김, 밥, 양념무말랭이
매장 서비스	매장 식사 가능, 포장 가능
방송 출연	없음

서울에 마약김밥이 있다면, 청도에는 무말랭이김밥이 있다. 마약김밥만큼 중독성이 어마어마해 일부러 찾아오는 손님이 많다고 한다. 재료는 김에 밥, 매콤하게 무쳐낸 무말랭이가 끝인데 꼬독꼬독한 무의 식감이 매력 있다. 채 썬 무와 넓적하게 썰어낸 무를 섞어 사용하는데 이것 때문에 식감이 다양하게 느껴져서 좋았다. 김이 조금 질긴 편이라 아쉬웠는데 국물을 곁들여 먹기를 추천한다.

 한줄꿀팁 맵기 정도 불닭볶음면

고객 리뷰

- 경북권 3대 김밥(경주 교리김밥, 김천 오단이김밥, 청도 할매김밥) 중 하나. 이 맛이 생각나서 가끔 찾아와서 포장해 가요.
- 생각보다 매워요.

나의 별점

☆☆☆☆☆

맛집 정복 완료!

스티커 or 스탬프

91 눈물이펑펑

"너무 친절해서 혹은 너무 맛있어서 눈물이 펑펑 나는"

식당 정보

눈물이펑펑
QR로 보기

🏠	주소	경북 김천시 황금시장5길 7-1
☎	전화번호	054-437-5204
🕐	운영시간	08:00-24:00 ※ 재료 소진시 조기마감 ※ 매주 월요일 휴무
📍	웨이팅 난이도	하
📋	주요 메뉴 및 가격	매운오징어김밥 3,500원(추천), 소고기김밥 4,000원
✏️	김밥 사이즈	중간
🥘	속 재료	김, 흑미밥, 깻잎, 당근, 계란, 맛살, 단무지, 우엉, 양념오징어
💬	매장 서비스	포장 가능
▶️	방송 출연	없음

개인적으로 오징어라는 식재를 좋아해 오징어가 들어가는 김밥이 보이면 무조건 시켜본다. 이곳도 매운오징어김밥이 맛있다고 해서 직접 찾아가 본 곳이다. 김천시장 내 반찬가게와 함께 운영하는 김밥집이다. 반찬가게를 운영해서 그런지 김밥 속 재료로 들어가는 재료들이 더 신선하고 맛깔스러운 느낌이다. 부드럽게 잘 삶은 오징어를 매콤달콤하게 양념해 김밥 안에 듬뿍 넣어준다. 질기지 않고 부드럽게 씹히는 오징어에 매콤달달한 양념맛(매워서 눈물이 펑펑 나는 게 아님)이라 누구나 좋아할 맛이다.

 한줄꿀팁 재료 소진으로 일찍 문 닫는 경우가 많으니 꼭 전화 확인!

고객 리뷰

- 눈물이 펑펑 나게 맛있는 김밥집!
- 사장님이 직접 만든 반찬도 구매할 수 있어요. 가게 앞 벤치에서 먹고 가면 국도 이것저것 챙겨주시는데 정말 친절하세요.

나의 별점
☆☆☆☆☆

맛집 정복 완료!
스티커 or 스탬프

오단이꼬마김밥

"단 세 가지 재료로 최고 중독성 뽑아낸 손가락김밥"

식당 정보

- **주소**: 경북 김천시 평화순환길 8
- **전화번호**: 054-434-7924
- **운영시간**: 06:00-18:00
- **웨이팅 난이도**: 하
- **주요 메뉴 및 가격**: 김밥 3,000원(추천)
- **김밥 사이즈**: 작음
- **속 재료**: 김, 밥, 오이, 단무지, 어묵
- **매장 서비스**: 포장 가능
- **방송 출연**:
  - 생활의달인 525회(16.05.16 손가락김밥)
  - 생활의달인 457회(14.12.29 손가락김밥)
  - 생활의달인 427회(14.04.28 손가락김밥)

오단이꼬마김밥 QR로 보기

3가지 재료로만 엄청난 중독성을 만들어내는 꼬마김밥이다. 오단이꼬마김밥은 들어가는 재료의 앞 글자를 따서 (오)뎅, (단)무지, 오(이) 붙여진 이름이라고 한다. 재료가 단순해 다양하고 풍부한 맛의 김밥은 아니지만 간장에 오랜시간 졸여낸 어묵 맛에 달큰한 감칠맛이 녹아 있다. 묘한 중독성을 자랑하는 이 김밥은 손가락처럼 길다란 모양이라 손가락김밥으로도 불린다.

 한줄꿀팁 1인당 2팩 필수(다른 음식과 곁들여 먹으려면 1팩)

고객 리뷰

- 벌써 중독되서 일주일에 한 번은 꼭 먹는 꼬마김밥. 지금도 생각나요.
- 재료가 3가지밖에 안 들어가는데 왜 이렇게 맛있는 걸까요?

나의 별점
☆☆☆☆☆

맛집 정복 완료!

스티커 or 스탬프

원진네김밥

"맛과 크기 가성비로 관광객을 사로잡은"

식당 정보

🏠	주소	경북 안동시 태사2길 37
☎	전화번호	0507-1318-8858
🕗	운영시간	09:00-18:00 ※ 14:00-16:00 브레이크타임 ※ 매주 목요일 휴무
👥	웨이팅 난이도	중
📋	주요 메뉴 및 가격	멸치매운김밥 4,000원(추천), 팔뚝김밥 3,500원
✏️	김밥 사이즈	큼
⊙	속 재료	김, 밥, 당근, 계란, 멸치볶음, 매운양념, 맛살, 어묵, 단무지, 오이
💬	매장 서비스	포장 가능
▶	방송 출연	없음

원진네김밥
QR로 보기

현지인에게 직접 추천받아서 간 곳으로 안동찜닭만큼이나 유명한 곳이다. 주말만 되면 관광객들로 재료가 소진돼 일찍 문을 닫는 경우가 다반사라고 한다. 팔뚝 크기의 큼직한 김밥의 크기로도 유명한 곳인데 크기만큼 재료도 꽉꽉 차 있어 한 줄만 먹어도 배부르다는 느낌을 받을 수 있다. 함께 3,000원대 가격도 매우 훌륭하다. 담백한 마약김밥도 맛있지만, 특제 양념이 들어가는 멸치매운김밥과 볶음김치김밥이 이곳의 시그니처 메뉴다. 김밥 전체가 빨갛게 물들어 엄청 매운 건 아닌가 했지만, 신라면 정도의 맵기로 매콤달콤한 맛에 더 가깝다.

 한줄꿀팁 밥이 들어가지 않는 다이어트 김밥도 있음

고객 리뷰

- 사장님만의 비법인 매운 양념이 들어가는 매운김밥, 멸치매운김밥, 볶음김치김밥은 꼭 먹어보세요.
- 밥보다 속재료가 더 많은 곳, 가격도 저렴한데 혜자스러운 양에 반했어요.

나의 별점
☆ ☆ ☆ ☆ ☆

맛집 정복 완료!

스티커 or 스탬프

땡초김밥 본점

✵ "김밥계의 엽떡이라고 불리는 진짜 매운 김밥" ✵

식당 정보

주소	경남 진주시 진주대로1069번길 10 2층
전화번호	055-741-7888
운영시간	11:00-20:00 ※ 15:30-17:00 브레이크타임※ 매주 월요일 휴무
웨이팅 난이도	하
주요 메뉴 및 가격	땡초김밥(2줄) 7,000원(추천), 미니마요네즈 1,000원
김밥 사이즈	중간
속 재료	김, 땡초양념밥
매장 서비스	매장 식사 가능, 포장 가능
방송 출연	없음

땡초김밥 본점 QR로 보기

매운 김밥이라고 손댔다가 너무 매워서 항복한 김밥. 맵부심(매운 걸 잘 먹는 것을 과시할 때 사용하는 언어) 있는 사람들도 마요네즈는 꼭 추가해서 먹는다는 김밥이다. 사실 그냥 먹는 것보다 마요네즈에 찍어 먹었을 때 특유의 땡초 양념의 감칠맛이 살아나 더욱 맛있게 먹을 수 있다. 밥에는 땡초양념으로 마늘, 청양고추, 간장, 당근, 어묵, 참기름, 깨 등이 들어가는데, 한 입 베어 물면 입안 가득 알싸한 향이 확 올라온다. 맵지만 멈출 수 없는 중독성을 자랑해 주기적으로 찾게 되는 곳이다.

*땡초(청양고추의 방언)

 한줄꿀팁   마요네즈 추가 필수

고객 리뷰

💬 매운 걸 잘 못 드시는 분들은 땡초김밥보단 속김밥을 추천드려요!
💬 스트레스 쌓일 때마다 가는 곳. 냉쫄면도 김밥과 잘 어울리니 한번 드셔보세요.

나의 별점
☆☆☆☆☆

···· 맛집 정복 완료! ····

스티커 or 스탬프

아희손김밥

✸ "즉석에서 구워주는 노릇한 육전이 통째로 드루와" ✸

식당 정보

주소	경남 창원시 의창구 사림로 88
전화번호	055-262-2788
운영시간	09:00-18:00 ※ 14:00-16:00 브레이크타임 ※ 매주 목요일 휴무
웨이팅 난이도	하
주요 메뉴 및 가격	육전김밥 5,500원(추천), 베이컨김밥 5,500원
김밥 사이즈	큼
속 재료	김, 밥, 깻잎, 당근, 우엉, 햄, 맛살, 단무지, 계란, 육전
매장 서비스	포장 가능
방송 출연	없음

아희손김밥 QR로 보기

육전김밥으로 유명한 창원의 김밥 맛집이다. 주문하자마자 커다란 팬에 넓적한 육전을 노릇노릇하게 구워준다. 즉석에서 구운 육전을 넣은 김밥이라니! 노란 빛깔을 내는 치자밥 위에 뜨끈한 육전과 함께 생와사비가 쭉 짜지고 후추가 솔솔 뿌려진다. 코끝을 톡 쏘는 와사비와 후추가 들어가 육전의 고소함을 더욱 느낄 수 있다. 매운맛을 좋아한다면 함께 주는 청양고추 간장소스와도 꼭 곁들여 먹어보길 추천한다.

 한줄꿀팁   사장님 혼자 운영하므로 미리 전화 주문 하고 가길 추천

고객 리뷰

💬 생와사비가 들어가 톡 쏘는 맛이 일품인 육전김밥. 이곳에서만 먹을 수 있는 특별한 김밥이에요.

💬 사장님이 노릇노릇 구워주는 육전은 따로 구매도 가능해요!

나의 별점

☆☆☆☆☆

맛집 정복 완료!

스티커 or 스탬프

창동분식

✼ "50년 전통의 쫀득한 박고지김밥" ✼

식당 정보

창동분식
QR로 보기

🏠	주소	경남 창원시 마산합포구 오동서6길 10
☎	전화번호	055-246-1467
🕐	운영시간	11:30-21:00 ※ 매주 수요일 휴무
📍	웨이팅 난이도	중
📋	주요 메뉴 및 가격	박고지김밥(2줄) 6,000원(추천)
✏️	김밥 사이즈	작음
🍱	속 재료	김, 밥, 계란, 시금치, 박고지
💬	매장 서비스	매장 식사 가능, 포장 가능
▶️	방송 출연	생활의달인 558회(17.01.30 박고지김밥)

무려 50년의 업력을 가진 김밥집. 이름도 생소한 박고지라는 재료가 들어가는데 짭조름하고 쫀득한 식감이 특징이다. 박고지는 박의 속을 긁어내 말린 것을 말하는데 주로 경상도 지역에서 많이 사용하는 재료다. 김밥에 들어가는 재료는 달걀과 시금치, 박고지가 끝인데 그냥 먹으면 조금 심심한 편이라 함께 주는 박고지 소스에 찍어 먹으면 박고지의 쫀득한 매력을 더욱 느낄 수 있다. 소스는 박고지를 졸인 간장에 연겨자를 살짝 풀어낸 것인데, 톡 쏘는 맛이 좋아 김밥과도 잘 어울린다.

 한줄꿀팁 냄비우동 포장시 집에서 끓여 먹을 수 있음

고객 리뷰

 박고지김밥에 뜨끈한 냄비우동은 국룰! 포장마차에서 먹던 추억의 우동맛이에요.

나의 별점

☆☆☆☆☆

맛집 정복 완료!

스티커 or 스탬프

삼천포충무김밥

※ "40년 충무김밥 달인의 손에서 탄생한 섞박지와 오징어무침" ※

식당 정보

삼천포충무김밥
QR로 보기

- **주소**: 경남 사천시 중앙로 7 등대낚시 옆 건물
- **전화번호**: 055-833-7104
- **운영시간**: 00:00-24:00 ※ 15:00-16:30 브레이크타임 ※ 매주 월요일 휴무
- **웨이팅 난이도**: 중
- **주요 메뉴 및 가격**: 충무김밥(1인분) 6,000원(추천), 비빔국수 6,000원
- **김밥 사이즈**: 작음
- **속 재료**: 김, 밥, 섞박지, 오징어묵무침
- **매장 서비스**: 매장 식사 가능, 포장 가능, 배달 가능
- **방송 출연**: 생활의달인 603회(17.12.11 충무김밥)
  생활의달인 571회(17.05.01 충무김밥)
  생활의달인 570회(17.04.24 충무김밥)

충무김밥으로 유명하다는 통영까지 가봤지만, 아직까진 이곳이 내 마음 속 1등이다. 충무김밥으로 〈생활의 달인〉에 세 번이나 나왔으니 말 다 했다. 새콤달콤 아삭하게 씹히는 섞박지와 바다향 가득한 오징어무침이 최고였는데, 바다로 둘러싸인 동네라 반찬들에 젓갈 향이 가득하다. 특히 섞박지는 달인만의 비법이 녹아 있는데, 우뭇가사리를 절여낸 물로 무를 절여 부드럽고 아삭한 맛이 일품이다. 김밥은 와사비소스에 콕 찍어 먹거나 기본으로 나오는 멸치육수에 푹 담근 다음 섞박지를 올려 먹어보길 추천한다.

 한줄꿀팁   도보 4분 거리에 있는 새참꿀빵집(꿀빵) 후식으로 추천

고객 리뷰

- 따뜻한 엄마 손맛이 느껴지는 곳. 기계가 아니라 손으로 하나하나 말아주는 리얼 충무김밥 맛집이에요.
- 충무김밥과 함께 뜨끈한 우동도 꼭 드셔보세요. 멸치육수의 깊고 진한 맛을 느낄 수 있을 거예요.

나의 별점
☆☆☆☆☆

맛집 정복 완료!

스티커 or 스탬프

유정김밥

"진한 멸치육수로 맛을 낸 냉국수와 함께"

식당 정보

유정김밥
QR로 보기

주소		경남 사천시 동금2길 15 나동
전화번호		055-833-7878
운영시간		10:00-20:00 ※ 매주 일요일 휴무
웨이팅 난이도		하
주요 메뉴 및 가격		김밥(2줄) 4,000원(추천), 물국수 5,000원
김밥 사이즈		중간
속 재료		김, 밥, 당근, 우엉, 맛살, 계란, 어묵, 단무지, 부추
매장 서비스		매장 식사 가능, 포장 가능, 배달 가능
방송 출연		생활의달인 761회(20.08.31 김밥)

삼천포 재래시장 주변, 장날만 되면 사람이 끊이질 않는다는 오래된 물국수집이다. 고향이 삼천포인 나도 한 번도 가보지 못했는데 이번 기회로 방문해 먹어보았다. 365일 파는 시원한 물국수와 즉석에서 말아주는 김밥의 조합이 끝내준다. 물국수는 밴댕이육수에 새우살을 듬뿍 넣은 육수를 사용해 깔끔하고 깊은 맛이 일품이다. 살짝 데쳐 넣은 아삭한 숙주도 별미! 김밥은 엄마가 싸주던 김밥 맛으로 특히 우엉의 감칠맛이 독특했는데, 우엉을 졸인 간장은 장어를 넣어 졸여 만든 것이라고 한다.

 한줄꿀팁 삼천포 재래시장 5일 장 열릴 때 방문하면 볼거리 많음
(끝자리 4, 9일이 장날)

고객 리뷰

💬 김밥도 김밥이지만 이곳은 시원한 물국수가 별미! 멸치육수의 깊은 감칠맛이 느껴집니다. 아삭하게 씹히는 숙주도 매력적이에요.

나의 별점
☆☆☆☆☆

맛집 정복 완료!

스티커 or 스탬프

99 쌤김밥

✱ "오독오독 맛있게 씹히는 톳의 식감과 풍미" ✱

식당 정보

주소	경남 거제시 일운면 지세포로 101
전화번호	010-5774-9600
운영시간	10:00-17:00 ※ 14:00-15:00 브레이크타임 ※ 매주 화요일 휴무
웨이팅 난이도	상
주요 메뉴 및 가격	톳김밥 4,000원(추천)
김밥 사이즈	큼
속 재료	김, 밥, 시금치, 유부, 당근, 단무지, 톳
매장 서비스	포장 가능
방송 출연	백종원의골목식당 59회(19.03.28 톳김밥)

쌤김밥 QR로 보기

바다가 근접한 거제는 톳을 재료로 한 김밥집들이 많다. 톳김밥으로는 이곳과 '배말톳김밥'이라는 곳이 유명한데, 개인적으로 톳의 오독오독한 식감과 풍미를 더 느끼고 싶다면 쌤김밥을 추천한다. 김밥 속 절반이 톳으로 가득 차 있다. 이 집의 톳은 양념이 살짝 되어 있는데, 오독오독 씹힐 때마다 바다의 향과 맛이 느껴진다. 식감천재 김밥!

 한줄꿀팁 도보 2분 거리 무료 주차장(해안가) 이용 가능

고객 리뷰

> 톳김밥과 거미새라면의 조합이 좋아요. 오독오독 씹히는 톳의 식감이 매력 있어요. 톳 안 좋아하는 사람도 특유의 비릿한 향이 없어서 맛있게 먹을 수 있을 것 같아요!

나의 별점 ☆☆☆☆☆

맛집 정복 완료!

스티커 or 스탬프

배말칼국수김밥 본점

※ "자연산 식재료로 남해바다를 입에 머금은 듯한 기분" ※

식당 정보

주소	경남 거제시 장승포로 2
전화번호	055-682-6067
운영시간	09:30-19:30 ※ 15:30-17:00 브레이크타임 ※ 매주 수요일 휴무
웨이팅 난이도	중
주요 메뉴 및 가격	배말톳김밥 4,800원(추천), 배말칼국수 9,500원
김밥 사이즈	중간
속 재료	김, 배말밥, 톳, 계란, 단무지, 부추
매장 서비스	매장 식사 가능, 포장 가능
방송 출연	생방송오늘저녁 1380회(20.08.14 배말칼국수)

배말칼국수김밥 본점
QR로 보기

거제와 통영 바다에서 채취한 자연산 배말로 만든 김밥과 칼국수를 맛볼 수 있는 곳이다. 배말은 삿갓조개 혹은 따개비라 불리는 조개류로 그 크기가 너무 작다 보니 손으로 하나하나 채취해야 하는 과정이 매우 힘들다고 한다. 이 귀한 배말을 우려낸 물에 밥을 지어 만든 배말톳김밥은 초록색 빛깔을 띠는데 배말 향이나 맛이 강하진 않으나 특유의 고소한 감칠맛이 있다. 속에 가득 들어간 톳 또한 거제 통영 바다에서 직접 채취한 것으로 오독오독한 식감이 일품이다. 배말칼국수는 배말로 우려낸 국물이 마치 사골국처럼 깊은 감칠맛을 내 꼭 먹어보기를 추천한다.

 한줄꿀팁 거제에는 본점 포함 5개의 지점이 있음(거제장목점(외포리 1219), 거제학동점(학동리 603-3), 고현직영점(고현동 1035-6), 거제면점(남동리 29-401))

고객 리뷰

- 김밥과 칼국수에 들어가는 배말은 거제 앞바다에서 직접 따온 자연산!
- 배말칼국수는 꼭 드셔보세요. 사골국처럼 깊은 맛을 내요. 보양식 한 그릇 먹고 왔습니다.

나의 별점
☆☆☆☆☆

맛집 정복 완료!

스티커 or 스탬프

풍화김밥

"현지인이 추천한 섞박지와 오징어무침의 최고봉"

식당 정보

주소	경남 통영시 통영해안로 233-1
전화번호	055-644-1990
운영시간	04:30-20:00
웨이팅 난이도	하
주요 메뉴 및 가격	충무김밥 5,500원(추천)
김밥 사이즈	작음
속 재료	김, 밥, 석박지, 오징어묵볶음
매장 서비스	매장 식사 가능, 포장 가능
방송 출연	없음

풍화김밥 QR로 보기

충무김밥으로 유명한 통영. 그 명성대로 통영 시내로 나가면 충무김밥 집과 꿀빵집으로 가득하다. 유명하다는 충무김밥 집 6곳을 가보았지만 이곳은 충무김밥의 꽃이라고 할 수 있는 섞박지와 오징어무침이 가장 맛있는 곳이다. 새콤달콤하게 잘 익은 섞박지는 알맞게 숙성되어 아삭 아삭한 식감이 좋다. 무의 시원한 단맛으로 입안이 깔끔해지는 맛이다. 이곳은 특이하게 기름장을 함께 주는데 김밥의 고소함이 배가 된다. 매 콤달콤하게 무쳐낸 오징어무침을 함께 곁들여 먹어도 정말 맛있다.

 한줄꿀팁 2호점(통영해안로 231-3)

고객 리뷰

 이곳은 시원하고 아삭한 섞박지가 정말 맛있어요. 현지인들도 즐겨 찾는 곳!
 포장하면 시원한 시락국도 함께 줘요. 김밥을 살짝 국물에 담가 먹는 것도 별미 중 하나!

나의 별점

☆☆☆☆☆

맛집 정복 완료!

스티커 or 스탬프

자성당

"반숙처럼 녹진한 계란김밥의 신세계"

식당 정보

자성당 QR로 보기

- **주소**: 울산 남구 문수로 363 102호
- **전화번호**: 052-269-7841
- **운영시간**: 11:00-20:00 ※ 15:00-17:00 브레이크타임
- **웨이팅 난이도**: 중
- **주요 메뉴 및 가격**: 계란김밥 5,500원(추천)
- **김밥 사이즈**: 작음
- **속 재료**: 김, 밥, 단무지, 계란, 튀김가루
- **매장 서비스**: 매장 식사 가능, 포장 가능, 배달 가능
- **방송 출연**: 없음

달걀을 좋아하는 김밥덕후라면 무조건 좋아할 김밥! 달걀 맛이 진하게 느껴지는 김밥이다. 달걀 김밥으로 유명한 교리김밥과는 식감이 달랐는데, 교리김밥이 포슬거리면서 부드러운 느낌이라면 이곳은 녹진한 맛에 가깝다. 마치 반숙을 먹는 것처럼 녹진한 식감이 독특하다. 자칫 심심할 수 있는 달걀에 갓 튀겨낸 튀김가루와 단무지를 넣어 식감을 채웠다. 짭조름하면서도 달큰한 달걀 맛에 고소한 튀김가루의 조화가 괜찮았던 집이다. 색다른 달걀 김밥을 맛보고 싶다면 추천한다.

 한줄꿀팁   일반 계란 김밥보단 톡 쏘는 맛의 와사비계란김밥을 먹어보기를 추천!

고객 리뷰

- 〈생활의 달인〉에 전국 3대 쫄면으로 소개된 쫄면은 필수예요. 새콤달콤한 소스로 비벼낸 쫄면과 계란김밥의 조합이 최고!
- 쫀득한 밀떡이 들어가는 매콤달콤한 떡볶이와 수제튀김 등 메뉴도 다양해서 좋아요.

나의 별점

☆☆☆☆☆

맛집 정복 완료!

스티커 or 스탬프

새벽을여는김밥

※ "매콤달콤하게 양념한 어묵이 특별해" ※

식당 정보

주소	울산 중구 태화로 132
전화번호	052-221-4400
운영시간	06:00-19:30 ※ 06:00-13:00 일요일
웨이팅 난이도	하
주요 메뉴 및 가격	새벽김밥 3,500원(추천)
김밥 사이즈	중간
속 재료	김, 밥, 계란, 우엉, 당근, 부추, 단무지, 햄, 맛살, 양념어묵
매장 서비스	매장 식사 가능, 포장 가능
방송 출연	없음

새벽을여는김밥 QR로 보기

김밥에 들어가는 어묵의 양념이 독특했던 곳. 보통의 김밥집들에서는 간장에 졸인 어묵을 사용하거나 살짝 튀기듯이 구운 어묵을 사용하는 경우가 많은데, 이곳은 기본적으로 매콤달콤한 맛의 빨간 양념으로 어묵을 조린다. 색은 빨갛지만 사실 매운 맛보다는 달콤한 닭강정 양념에 더 가까운 맛이다. 이 양념어묵의 맛은 기본 김밥인 새벽김밥을 먹었을 때 더욱 두드러지게 나타나 첫 방문이라면 꼭 새벽김밥을 먼저 주문해서 먹어보기를 추천한다.

 한줄꿀팁 김밥 메뉴가 많지만 새벽김밥은 선택이 아니라 필수!

고객 리뷰

등산갈 때나 소풍갈 때 포장해서 먹기 좋은 곳이에요. 매콤달콤한 어묵이 들어있는 기본 김밥이 제일 맛있어요!

나의 별점
☆☆☆☆☆

맛집 정복 완료!

스티커 or 스탬프

부산

영도 백설대학 ・260p
영도 옥천횟집 ・262p
영도 사또분식 ・264p
수영 광안시장박고지김밥 ・266p
금정 동원분식 ・268p
금정 명품달인김밥 본점 ・270p
금정 소다미김밥 ・272p
서면 큰손김밥 ・274p
서면 팔미분식 ・276p
해운대 가원김밥 ・278p

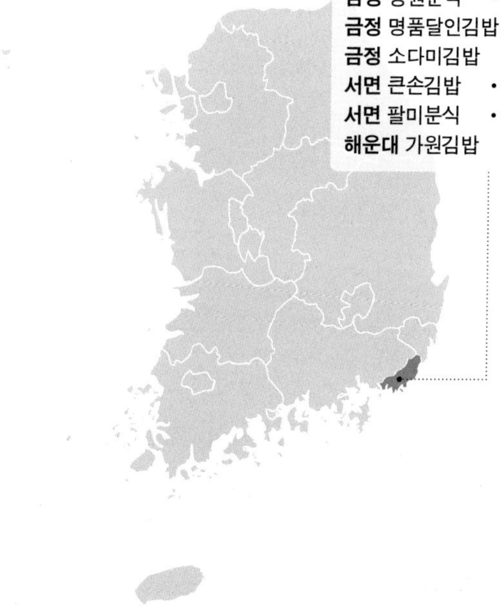

백설대학

※ "달짝지근하게 졸인 유부를 넣어주는 부산식 유부김밥" ※

식당 정보

주소	부산 영도구 웃서발로 74
전화번호	051-404-5039
운영시간	11:30-21:00 ※ 14:20-15:40 브레이크타임
웨이팅 난이도	상
주요 메뉴 및 가격	참치김밥 3,500원(추천), 쫄우동 5,500원
김밥 사이즈	작음
속 재료	김, 밥, 단무지, 햄, 오이, 맛살, 계란, 유부, 참치
매장 서비스	매장 식사 가능, 포장 가능
방송 출연	생활의달인 추석특집회(12.01.21 쫄우동) 생활의달인 365회(13.01.21 쫄우동)

백설대학
QR로 보기

가장 좋아하는 김밥 재료 중 하나가 바로 유부다. 폭신하게 씹히는 식감에 구멍이 숭숭 뚫린 틈 사이로 특유의 달큰함과 짭조름함이 흘러 나오는 점이 너무 매력적이라 늘 유부를 넣어 만든 김밥이라면 묻지도 따지지도 않고 먹곤 했다. 특히 이 유부라는 식재는 부산 지역에서 많이 사용한다. 유부의 매력을 진하게 느끼려면 짭조름한 참치가 들어가 단짠의 매력을 느낄 수 있는 참치김밥을 먹어보기를 추천한다. 광안리에 위치한 '광안시장박고지김밥'도 이곳처럼 유부가 들어가는데 광안시장박고지김밥이 담백하고 순한 맛의 버전이라면, 이곳은 좀 더 달큰하고 짭조름한 맛이 강한 편이다.

 한줄꿀팁 쫄면을 넣어 만든 쫄우동도 인기

고객 리뷰

💬 가래떡 넣은 매콤달콤한 부산식 떡볶이! 이곳에 오면 꼭 시키는 메뉴예요.
💬 단짠의 조화를 진하게 느끼려면 참치김밥을 추천해요. 짭조름한 참치와 달큰한 유부조림의 조화가 굿!

나의 별점
☆☆☆☆☆

맛집 정복 완료!

스티커 or 스탬프

옥천횟집

✽ *"녹진한 성게알이 올라가 바다향 입안 가득 퍼지는"* ✽

식당 정보

주소	부산 영도구 중리남로 2-21
전화번호	051-403-7771
운영시간	11:00-22:00 ※ 매주 화요일 휴무
	※ 15:00-16:00 브레이크타임(주말만)
웨이팅 난이도	중
주요 메뉴 및 가격	성게알김밥(2인분) 20,000원(추천), 낙지해물라면 12,000원
김밥 사이즈	작음
속 재료	김, 밥, 단무지, 햄, 어묵, 부추, 다시마, 성게알
매장 서비스	매장 식사 가능, 포장 가능, 배달 가능
방송 출연	없음

옥천횟집 QR로 보기

영도해녀촌 가기 전 위치한 작은 횟집이다. '해녀촌'에서도 김밥을 팔지만 성게알과 김밥을 따로 시켜 번번이 올려 먹어야 한다는 수고로움과 가격이 배가 된다는 부분 때문에 이곳으로 방문했다. 물론 편하게 바다를 보면서 이 성게알 김밥을 즐길 수 있다는 점도 한몫했다. 김밥 위에 신선한 성게알이 듬뿍 올라가 있어 먹자마자 바다향이 입안 가득 퍼진다. 해산물 듬뿍 넣은 해물라면도 함께 곁들이면 금상첨화다. 바다의 도시 부산에서 특별한 김밥을 먹어보고 싶다면 이곳을 추천한다.

 한줄꿀팁   바다를 보며 먹을 수 있는 테이블 6개

고객 리뷰

- 바다를 보면서 먹는 성게알 김밥은 정말 환상적이에요!
- 낙지 한 마리가 통으로 올라가는 해물라면은 해산물이 듬뿍 들어가 국물이 시원하고 얼큰해요. 성게알 김밥과 곁들여 먹기 좋아요.

나의 별점

☆ ☆ ☆ ☆ ☆

···· **맛집 정복 완료!** ····

스티커 or 스탬프

사또분식

"김밥을 비벼 먹는 이색 김밥집"

식당 정보

주소	부산 영도구 절영로35번길 39
전화번호	051-415-3764
운영시간	16:30-22:00 ※ 매주 화요일 휴무
웨이팅 난이도	하
주요 메뉴 및 가격	비빔김밥 5,500원(추천)
김밥 사이즈	중간
속 재료	당면, 양념장, 김 가루, 김밥(김, 밥, 당근, 부추, 어묵, 계란, 우엉)
매장 서비스	매장 식사 가능, 포장 가능
방송 출연	없음

사또분식 QR로 보기

부산에 가면 꼭 먹어야 하는 음식 중 비빔당면이 있는데, 그 비빔당면과 생김새가 비슷하다. 맨 아래 김밥을 깔고 당면과 김 가루, 참기름, 양념장이 올라가 딱 부산식 비빔당면에 김밥이 추가된 거라고 보면 된다. 김밥에는 잘게 다진 소고기가 들어가 있어 비빔밥을 먹는 듯한 느낌이다. 이렇게 비벼 먹는 김밥은 살면서 또 처음!

 한줄꿀팁   추억의 우동맛, 비빔김밥과 찰떡궁합

고객 리뷰

우동은 국물이 정말 끝내줍니다. 다른 건 안 시켜도 우동과 비빔김밥은 꼭 드셔보시길 추천드려요! 추억의 맛을 제대로 느낄 수 있는 곳!

나의 별점

☆☆☆☆☆

맛집 정복 완료!

스티커 or 스탬프

광안시장박고지김밥

✳ "쫀득한 박고지와 유부로 맛을 낸 광안시장 줄 서는 김밥" ✳

식당 정보

🏠	주소	부산 수영구 수영로603번길 14
☎	전화번호	051-755-0960
🕘	운영시간	09:00-15:00 ※ 매주 일요일 휴무 ※ 재료 소진시 조기마감
👥	웨이팅 난이도	중
📋	주요 메뉴 및 가격	박고지우엉김밥 2,500원(추천), 김치말이김밥 2,500원(추천)
✏	김밥 사이즈	작음
🔵	속 재료	김, 밥, 단무지, 계란, 당근, 우엉, 부추, 유부
💬	매장 서비스	포장 가능
▶	방송 출연	2TV생생정보 795회(19.04.16 박고지김밥) 생활의달인 620회(18.04.23 박고지김밥)

광안시장박고지김밥
QR로 보기

광안시장 안에 자리 잡은 소박한 김밥집으로 김밥 한 줄 가격이 3천원이 넘지 않는다. 저렴한 가격도 한몫하지만, 그 맛도 일품이라 사람들의 발길이 끊이질 않는 곳이다. 가게 이름 그대로 김밥 안에는 쫀득하게 졸여낸 박고지와 부산을 대표하는 유부가 들어간다. 박고지란 박을 말려내 졸여낸 것을 말하는데 쫀득한 식감이 매력적이다. 쫀득한 박의 식감에 짭조름한 유부가 서로 과하지 않고 조화로워서 누구나 좋아할 맛이다.

 한줄꿀팁 광안리해수욕장 도보 15분

고객 리뷰

💬 생각보다 김밥이 작아 한 사람당 2줄은 먹어야 배가 차요. 박고지우엉김밥과 김치말이김밥 한 줄씩 추천해요!

💬 주말이면 한 시간 이상은 기다리는 곳이에요.

나의 별점
☆☆☆☆☆

맛집 정복 완료!

스티커 or 스탬프

동원분식

✷ *"츤데레 사장님이 맞이하는 간판 없는 숨은 맛집"* ✷

식당 정보

주소	부산 금정구 금사로51번길 9
대중교통	서동역 3번 출구에서 701m
전화번호	051-522-9576
운영시간	10:00-18:00 ※ 재료 소진시 조기마감
웨이팅 난이도	중
주요 메뉴 및 가격	일미김밥 3,000원(추천), 열무국수 7,000원
김밥 사이즈	큼
속 재료	김, 밥, 부추계란, 오징어채무침, 단무지, 햄, 맛살, 어묵, 우엉
매장 서비스	매장 식사 가능, 포장 가능
방송 출연	생활의달인 617회(18.04.02 오징어채김밥)

동원분식
QR로 보기

간판이 따로 없어 정말 아는 사람들만 찾아가는 김밥집. 사장님 한 분이 조그맣게 운영하는 가게로 간혹 불친절하다는 후기가 올라오지만 츤데레(쌀쌀맞고 인정이 없어 보이나, 실제로는 따뜻하고 다정한 사람)에 더 가까운 분이다. 메뉴는 일미김밥과 열무국수 두 가지로 고민할 필요 없이 모두 주문하면 된다. 일미김밥은 매콤달콤하게 양념한 진미채가 듬뿍 들어가 쫄깃한 식감이 일품이다. 무려 5센티 두께를 가진 달걀말이도 특별한데, 안에는 부추가 들어가 색감도 예쁘고 맛도 좋다.

 한줄꿀팁　열무국수는 필수 주문

고객 리뷰

- 추운 겨울이 되면 떡국 메뉴도 추가돼요.
- 사계절 내내 파는 새콤달콤한 열무국수의 맛은 지금까지 먹어본 국수 중에 이곳이 최고예요.

맛집 정복 완료!

나의 별점

☆☆☆☆☆

스티커 or 스탬프

109
명품달인김밥 본점

✳ "새벽부터 줄 서서 사 먹는 가성비 최고 김밥" ✳

식당 정보

🏠	주소	부산 금정구 중앙대로 2346
☎	전화번호	051-508-1636
🕐	운영시간	05:00-13:30 ※ 매주 일요일 휴무
💁	웨이팅 난이도	중
📋	주요 메뉴 및 가격	숯불김밥 3,200원(추천), 달인김밥 2,200원
✏	김밥 사이즈	작음
⊕	속 재료	김, 밥, 단무지, 햄, 맛살, 당근, 우엉, 유부, 숯불고기
💬	매장 서비스	포장 가능
▶	방송 출연	없음

명품달인김밥 본점
QR로 보기

새벽 5시에 시작해 오후 한 시만 되면 문을 닫는 김밥집. 인기 있는 김밥들은 오전 10시도 안 돼 품절된다고 하니, 여기 김밥을 먹으려면 작정하고 일찍 가야 한다. 요즘은 기본 김밥도 3,000원이 넘는데 이곳은 3,000원을 넘어가는 가격을 찾아보기 어렵다. 맛은 특별할 게 없지만 착한 가격으로 더욱 사랑받는 곳이다. 이곳의 시그니처 메뉴인 숯불김밥은 먹자마자 고소한 참기름 향과 불 향이 가득해 정말 맛있다.

 한줄꿀팁   숯불김밥은 대부분 10시 이후로 품절

고객 리뷰

> 특별한 재료가 들어가는 건 아니지만 참기름 향 솔솔 나는 집 김밥 스타일이에요. 요즘에는 보기 힘든 가격이라 자주 찾는 곳이에요.

나의 별점
☆☆☆☆☆

···· 맛집 정복 완료! ····

스티커 or 스탬프

110 소다미김밥

✻ "먹어본 김밥 중 밥맛이 제일 좋았던 곳을 고른다면" ✻

식당 정보

소다미김밥
QR로 보기

🏠	주소	부산 금정구 금강로 271-4
🚌	대중교통	부산대역 3번 출구에서 541m
☎	전화번호	051-518-7518
🕐	운영시간	10:30-19:30 ※ 매주 일요일 휴무 ※ 15:00-16:30 브레이크타임
👤	웨이팅 난이도	중
📋	주요 메뉴 및 가격	치즈김밥 3,500원(추천), 소다미김밥 3,500원
🖊	김밥 사이즈	중간
🍱	속 재료	계란(김 대신), 밥, 치즈, 계란. 오이, 맛살, 단무지, 당근
💬	매장 서비스	매장 식사 가능, 포장 가능
▶	방송 출연	생활의달인 781회(21.01.18 김밥)

지금까지 먹어본 김밥 중에 밥맛이 좋았던 김밥 탑 3 안에 드는 곳이다. 이곳은 감자와 두부 푼 물로 밥을 짓는다고 하는데 밥알이 적당히 찰기가 있으면서도 서로 엉겨 붙지 않아 입안에서 밥알들이 찰싹찰싹 때리는 듯한 느낌을 느낄 수 있다. 밥이 맛있으니 김밥이 꿀떡꿀떡 넘어간다. 밥의 중요성을 다시 한번 깨달은 집!

 한줄꿀팁　와사비 간장에 듬뿍 찍어 먹으면 맛있음

고객 리뷰

💬 고춧가루로 칼칼하게 양념한 떡볶이도 필수! 치즈김밥에 떡볶이 조합은 못 잊어요.

나의 별점
☆☆☆☆☆

맛집 정복 완료!

스티커 or 스탬프

큰손김밥

※ "하루 50줄 한정 판매! 부산 사람들도 먹기 어려워" ※

식당 정보

주소	부산 부산진구 서면로 56 아16, 카40
대중교통	서면역 7번 출구에서 181m
전화번호	051-808-3393
운영시간	08:30-15:00 ※ 매주 토요일, 일요일 휴무
웨이팅 난이도	중
주요 메뉴 및 가격	키토김밥 6,000원(추천), 매운오뎅김밥 5,000원(추천), 유부김밥 5,000원
김밥 사이즈	큼
속 재료	김, 계란, 유부, 당근, 맛살, 단무지, 우엉
매장 서비스	포장 가능
방송 출연	없음

큰손김밥
QR로 보기

부산 김밥집의 신흥강자! 모든 메뉴를 하루 50줄만 한정 판매하는 김밥 맛집이다. 오후 3시까지 운영한다고 나와 있지만 메뉴 대부분이 점심시간 전후로 품절된다. 큰손 이모가 운영하신다고 해서 가게 이름이 큰손김밥인데, 김밥 크기가 정말 엄청나게 커서 놀랄 수 있다. 베스트 메뉴인 키토김밥은 얇게 썬 지단 대신 통으로 부친 지단을 넣어주는데 더 부드럽고 폭신한 달걀 맛을 느낄 수 있다. 맛보라고 작게 넣어주는 진미채볶음도 함께 곁들어 먹으면 더 맛있다.

 한줄꿀팁   하루 50줄 한정 판매로 전화예약 필수

고객 리뷰

- 납작한 어묵이 아닌 통 어묵을 양념해 넣어주는 매운오뎅김밥도 별미예요. 부산 하면 어묵이지 않습니까?!
- 달걀물 입혀 구운 김밥전도 별미!

나의 별점
☆☆☆☆☆

맛집 정복 완료!

스티커 or 스탬프

할미분식

"주민들의 야식을 책임지는 달걀 덮은 김밥"

식당 정보

주소	부산 부산진구 중앙대로691번길 55	
대중교통	서면역 1번 출구에서 533m	
전화번호	051-808-0919	
운영시간	00:00-24:00 ※ 연중무휴	
웨이팅 난이도	중	
주요 메뉴 및 가격	시락국+김치말이김밥 5,000원(추천)	
김밥 사이즈	작음	
속 재료	계란부침, 김, 밥, 김치, 고기	
매장 서비스	매장 식사 가능, 포장 가능	
방송 출연	없음	

할미분식
QR로 보기

부산 서면에서 술 한잔 걸쳐본 사람이라면, 들어봤을 법한 이름 팔미분식. 부산 주민들의 해장을 책임지는 곳으로 유명하다. 그래서 항상 밤 12시 이후가 제일 붐비는 시간대라고. 새콤하게 익은 김치를 넣은 김치김밥과 시원하게 끓인 시락국의 조화가 특히나 좋다. 먹자마자 새콤한 김치맛이 훅 들어오긴 하지만, 김밥 위에 올려낸 고소한 달걀부침 덕분에 그 맛이 중화된다. 충무김밥처럼 섞박지와 오징어, 어묵볶음도 함께 내어줘서 같이 곁들여 먹기에 좋다.

 한줄꿀팁   시락국이 신의 한 수!

고객 리뷰

💬 간단한 야식으로 이곳만 한 곳이 없어요. 술 한잔 하고 뜨끈한 시락국과 계란 김밥 먹으러 자주 가던 곳이에요.

💬 김밥뿐만 아니라 할머니 손맛 듬뿍 담긴 수제비와 칼국수 등 메뉴가 다양해요.

나의 별점

☆☆☆☆☆

맛집 정복 완료!

스티커 or 스탬프

가원김밥

✳ "〈생활의 달인〉 출연을 다섯 번이나 거절한 뚝심" ✳

식당 정보

주소	부산 해운대구 해운대해변로 83
대중교통	동백역 3번 출구에서 515m
전화번호	010-8500-2136
운영시간	11:00-20:00 ※ 매주 목요일,일요일 휴무
웨이팅 난이도	중
주요 메뉴 및 가격	다시마김밥 4,000원(추천)
김밥 사이즈	중간
속 재료	김, 밥, 계란, 부추, 다시마, 진미채
매장 서비스	포장 가능
방송 출연	없음

가원김밥
QR로 보기

다시마 한 장을 넓적하게 깔아 말아주는 김밥이다. 다시마가 들어가는 독특한 김밥 맛에 평일에도 줄 서서 사 먹는 김밥이라고 한다. 쫀득한 다시마에 매콤달콤하게 무친 진미채까지 재료가 아낌없이 들어가 김밥이 제법 크고 묵직하다. 이름은 다시마김밥이지만 다시마보다 더 존재감 있게 들어가는 진미채 덕분에 쫄깃한 식감이 일품이다. 다시마의 향과 맛이 진미채에 묻혀 조금 아쉬웠지만 전체적인 밸런스가 좋았던 김밥이다.

한줄꿀팁   현금 결제만 가능

고객 리뷰

💬 다시마김밥인데 다시마 맛이 진하게 느껴지진 않아요. 쫄깃한 진미채의 맛이 강한 김밥이에요.

나의 별점
☆☆☆☆☆

맛집 정복 완료!

스티커 or 스탬프

서울 유부김밥과 부산 유부김밥의 차이

유부라는 식재를 좋아한다. 어렸을 땐 세모난 모양의 유부에서 새콤달콤한 즙이 터져나오는 유부초밥의 매력에 빠졌다가, 전국김밥일주를 통해 김밥의 속 재료로 들어간 독특한 유부를 맛보며 더욱 좋아하게 되었다. 2년 동안 전국에 있는 김밥집을 돌아다니며 다양한 형태의 유부김밥도 많이 접하게 되었는데, 처음에는 몰랐지만 지역적으로 달라지는 유부김밥의 모양과 맛이 재밌어 소개해보려고 한다. 대표적으로 서울과 부산을 들 수가 있는데,

서울에서 파는 유부김밥은 잘게 잘라낸 유부를 오랜 시간 볶아 물기 없이 건조한 형태로 우엉과 함께 섞어 넣는 곳이 많다. 유명한 곳으로는 '삼형제김밥', '해남원조김밥', 상계역 '유부김밥'이 있는데, 이곳들의 특징은 가마솥에 2시간 이상 유부를 볶아 바삭한 식감을 살려준 다음 고구마 맛이 나게 졸여낸 우엉을 더해 만든다는 점이다. 수분이 다 날아간 형태라 건조하지만, 희한하게 고기가 없어도 고기 맛이 나는 게 신기했다.

부산에서 파는 유부김밥은 유부를 볶아 내지 않고 졸이는 형태다. 가게마다의 비법 소스에 은은하게 졸여낸 촉촉한 유부를 사용한다. 유명한 곳으로는 '백설대학'과 '광안시장박고지김밥'이 있고 나도 김밥일주 당시 너무 맛있게 먹고 왔는데 유부를 씹었을 때 달콤함과 짭조름함이 터져나오는 게 매력이 있었다.

유부는 사실 일본에서 쉽사리 상하고 물먹어 무거운 두부를 조금이나마 오래

보관하기 위해 만들어진 식재료다. 두부를 꾹꾹 누르고 물기를 뺀 다음 두 번 정도 튀겨 만든다고 하는데, 처음 튀길 땐 낮은 온도로 튀겨 두부 표면을 굳히고, 두 번째는 센불로 튀기면서 두부 내부의 수분을 팽창시키게 되어, 속이 비고 겉껍질은 쫄깃한 상태로 만들어진다고 한다.

이렇게 여러 가지 과정을 거친 유부의 매력은 스펀지같이 폭신폭신함에 있다. 그 폭신함 속에 짭조름함과 달콤함을 모두 품고 있으니 더욱 매력적이다. 지역별로 유부를 김밥에 녹여내는 방식은 조금 다르지만, 뭐가 되었든 유부라는 식재를 좋아하는 개인적인 바람으로는 유부를 넣은 김밥을 다루는 김밥집들이 더 많이 생겨났으면 하는 것이다.

광주·전라도

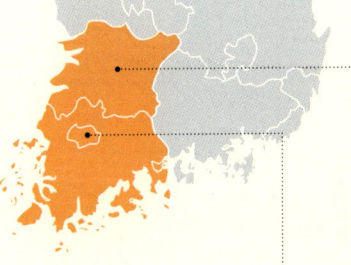

전라도

전주 오선모옛날김밥 • 290p
전주 최태연반반김밥 • 292p
전주 오원집 본점 • 294p
전주 경아분식 • 296p
완주 도원김밥 • 298p
익산 처갓집김밥 • 300p
정읍 옛날김밥 • 302p
여수 바다김밥 • 304p
부안 빅마마김밥 • 306p

광주

광산 백줄만죽 • 284p
서구 용쓰91김밥 • 286p
북구 대왕김밥전대정문 • 288p

백줄만죽

✽ "재료 하나하나 정성을 쏟는 김밥에 진심인 사장님" ✽

식당 정보

주소	광주 광산구 목련로21번길 20
전화번호	010-7277-3874, 062-955-7787
운영시간	08:00-19:00 ※ 07:00-14:00 토요일, 일요일
	※ 재료 소진시 조기마감
웨이팅 난이도	중
주요 메뉴 및 가격	감태김밥 5,800원(추천), 야채김밥 4,300원
김밥 사이즈	큼
속 재료	감태, 밥, 김, 계란, 당근, 오이, 우엉, 햄, 맛살
매장 서비스	포장 가능
방송 출연	없음

백줄만죽 QR로 보기

광주 김밥집 중 추천을 가장 많이 받은 곳이다. 김 대신 감태를 둘러 바다향이 진하게 올라오는 감태김밥으로 유명하다. 김밥 재료 하나에도 정성을 쏟는 김밥에 진심인 사장님이 운영하는 식당. 첫입은 싱겁다고 느낄 수 있지만, 먹으면 먹을수록 재료 본연의 간이 어우러져 끝까지 담백하고 깔끔하게 먹을 수 있는 김밥이다. 저렴한 공산품 재료에 타협하지 않고 직접 도정한 쌀과 방앗간 참기름, 치자 단무지 등 건강한 재료로 모든 김밥을 만드는 정성 가득한 곳이다.

한줄꿀팁 하루 100줄 한정 판매

고객 리뷰

💬 김 대신 감태로 말아주는 감태김밥은 짭조름한 바다향이 가득해요. 자극적이지 않고 담백하고 건강한 맛이라 자주 찾는 곳이에요.

💬 이렇게 정성스럽게 만드는 김밥은 40년 평생 처음 봐요. 한 줄에 정성이 가득 느껴지는 곳이에요.

나의 별점
☆☆☆☆☆

맛집 정복 완료!

스티커 or 스탬프

115 용쓰91김밥

"김 대신 라이스페이퍼를 말아 쫀득쫀득"

식당 정보

주소	광주 서구 죽봉대로 99
전화번호	062-361-9190
운영시간	08:00-21:00 ※ 11:00-19:00 일요일 ※ 매주 토요일 휴무
웨이팅 난이도	하
주요 메뉴 및 가격	91라이스김밥 4,500원(추천)
김밥 사이즈	중간
속 재료	라이스페이퍼, 오징어먹물밥, 제육, 깻잎, 오이, 당근, 계란, 햄, 어묵, 단무지
매장 서비스	매장 식사 가능, 포장 가능, 배달 가능
방송 출연	없음

용쓰91김밥 QR로 보기

김밥에서 쫀득한 식감을 느끼기란 어려운 일인데, 김 대신 라이스페이퍼를 사용해 쫀득한 김밥 맛을 만들었다. 거기다 흰쌀밥 대신 오징어먹물밥을 깔아 김의 역할을 대신했다. 매콤하게 양념한 제육과 야채들이 만나 월남쌈을 먹는 듯한 착각까지 일으키는 맛. 함께 주는 청양마요소스에 찍어 먹으면 김밥의 고소함은 덜하지만 상큼하고 깔끔하게 즐길 수 있다.

 한줄꿀팁 오징어먹물밥과 울금밥(강황뿌리) 사용

고객 리뷰

김밥도 맛있지만 길쭉한 국수 떡이 들어가는 매콤달콤한 떡볶이도 맛있어요. 그 외에도 다양한 메뉴들이 있어서 좋아요.

나의 별점
☆☆☆☆☆

맛집 정복 완료!
스티커 or 스탬프

116

대왕김밥전대정문

※ "입안에서 날치알 폭죽이 팡팡 터지는" ※

식당 정보

🏠	주소	광주 북구 자미로 55
☎	전화번호	062-514-0867
🕘	운영시간	09:00-23:00
		※ 14:30-15:00 브레이크타임 ※ 매주 월요일 휴무
🧍	웨이팅 난이도	중
📋	주요 메뉴 및 가격	새우튀김김초밥 4,500원(추천), 라볶이 4,500원
✏️	김밥 사이즈	큼
🕐	속 재료	날치알, 밥, 김, 새우튀김, 마요네즈, 당근, 오이
💬	매장 서비스	매장 식사 가능, 포장 가능
▶	방송 출연	없음

대왕김밥전대정문
QR로 보기

전남대를 나온 사람이면 모를 수 없는 날치알김초밥이 있는 곳. 김밥보다는 초밥에 가깝다. 이름도 김초밥. 새우튀김과 마요네즈가 듬뿍 들어갔지만 초로 간을 한 밥 덕분에 느끼하지 않고 깔끔하다. 와사비 간장도 함께 주는데 와사비 살짝 풀어 찍어 먹으면 완전한 초밥 맛이다. 밥알 사이사이 날치알이 붙어 있어 씹을 때 토도독 터지는 재미가 있다.

한줄꿀팁 10년 이상 된 단골이 많음

고객 리뷰

- 새우튀김김초밥과 라볶이는 전대생들이 추천하는 믿고 먹는 조합 중 하나예요.
- 물, 설탕, 식초를 끓여 만든 초로 양념한 밥이라 새콤달콤해요. 초밥을 먹는 것 같아요.

나의 별점
☆☆☆☆☆

맛집 정복 완료!

스티커 or 스탬프

117 오선모옛날김밥

✱ "아삭아삭한 당근이 듬뿍 들어가는 김밥" ✱

식당 정보

주소	전북 전주시 완산구 송정1길 1
전화번호	063-221-3057
운영시간	05:00-14:00 ※ 매주 일요일, 월요일 휴무
웨이팅 난이도	중
주요 메뉴 및 가격	김밥 3,000원(추천)
김밥 사이즈	중간
속 재료	김, 밥, 당근, 계란, 단무지
매장 서비스	포장 가능
방송 출연	생활의달인 524회(2016.05.09. 당근김밥)

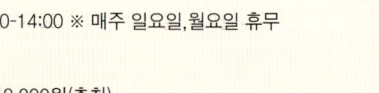

오선모옛날김밥 QR로 보기

전국 3대 김밥이라고 불리는 전주 당근김밥이다. 듣던 대로 김밥의 절반 이상이 당근으로 채워져 있다. 당근이 많이 들어가 있지만 실제로 먹어보면 당근 특유의 향이나 맛이 느껴지지 않는다. 오히려 아삭한 식감과 은은한 마늘향이 도드라지는 편이다. 당근을 볶을 때 찐 마늘을 넣고 볶아 당근 특유의 향을 없앤 것이라고 한다. 당근을 싫어하는 사람도 맛있게 먹을 수 있는 맛있는 당근김밥이다.

 한줄꿀팁 20줄 이하는 전화주문 불가

고객 리뷰

- 당근 싫어하는 사람도 맛있게 먹는 김밥! 전주에 오면 꼭 먹어야 하는 음식!
- 달걀, 당근, 단무지만 들어갔는데도 맛있어요.

나의 별점
☆☆☆☆☆

맛집 정복 완료!

스티커 or 스탬프

최태연반반김밥

※ "전주의 전통음식 전주비빔밥을 김밥으로 만나다!" ※

식당 정보

주소	전북 전주시 완산구 메너머2길 25-12 1층
전화번호	010-3321-2283
운영시간	09:00-16:00
	※ 재료 소진시 조기마감 ※ 매주 일요일 휴무
웨이팅 난이도	중
주요 메뉴 및 가격	전주비빔김밥 5,000원(추천), 참치진미반반김밥 4,500원
김밥 사이즈	큼
속 재료	김, 비빔밥, 제육, 오이, 단무지, 당근, 깻잎, 계란
매장 서비스	포장 가능
방송 출연	없음

최태연반반김밥 QR로 보기

우리에게는 삼각김밥으로 친숙한 그 이름, 전주비빔김밥을 비빔밥의 도시 전주에서 만났다. 사장님만의 비법 고추장으로 밥을 양념한 뒤 제육볶음과 달걀, 채소들을 듬뿍 넣어 만든다. 밥에도 양념이 들어가 평소 짜게 먹지 않는 사람은 짜다고 느낄 수 있다. 전주비빔김밥 외 한 줄에 두 가지 맛을 볼 수 있는 반반김밥도 있어 취향껏 즐길 수 있어 좋다.

 한줄꿀팁   전주비빔김밥은 맵기 조절도 가능!

고객 리뷰

- 전주라는 도시와 잘 어울리는 김밥이에요. 전주비빔김밥은 꼭 먹어야 하는 메뉴 중에 하나예요.
- 1줄에 2가지 맛을 볼 수 있는 반반김밥도 있어요.

나의 별점
★★★★☆

···· **맛집 정복 완료!** ····

스티커 or 스탬프

오원집 본점

✵ "김밥과 연탄불고기를 상추에 싸 먹는 집" ✵

식당 정보

오원집 본점
QR로 보기

- 🏠 **주소**   전북 전주시 완산구 공북로 82
- ☎ **전화번호**   063-275-1123
- 🕐 **운영시간**   16:00-03:00
- 📍 **웨이팅 난이도**   하
- 📄 **주요 메뉴 및 가격**   김밥 2,000원(추천), 연탄불돼지구이 12,000원
- ✏ **김밥 사이즈**   중간
- **속 재료**   김, 밥, 맛살, 단무지, 오이, 계란
- 💬 **매장 서비스**   매장 식사 가능, 포장 가능, 배달 가능
- ▶ **방송 출연**   모닝와이드 6171회(15.10.27 김밥)
  굿모닝대한민국 729회(14.04.13 김밥쌈)
  생방송투데이 785회(12.07.18 연탄불고추장돼지구이)

김밥과 연탄불 돼지구이를 상추에 싸 먹는 것으로 유명해진 곳이다. 40년 전통을 자랑하는 이곳은 오래된 단골들과 소문을 듣고 찾아오는 관광객들로 문전성시를 이룬다. 야식집으로 출발한 오원집은 연탄불 돼지구이 외에도 다양한 안주 메뉴가 있다. 주문하자마자 연탄불에 즉석으로 구워주는 연탄불 돼지구이는 매콤달콤한 고추장 양념을 발라 은은한 불향과 매콤달콤한 맛이 좋다. 김밥 맛이 특별하기보단 연탄불 돼지구이와 김밥을 싸 먹는 행위가 이색적인 곳이다.

 한줄꿀팁 국내산 한돈을 사용하며 24시간 양념에 재운 뒤 조리

고객 리뷰

💬 김밥 맛이 특별하진 않지만, 상추에 김밥과 돼지불고기를 넣고 싸 먹는 경험이 재밌었어요.

💬 고기는 연탄불에 직화로 구워내 불맛이 살아 있어요!

나의 별점

☆☆☆☆☆

맛집 정복 완료!

스티커 or 스탬프

경아분식

※ "모든 재료 안에 사장님의 비법이 숨어 있다" ※

식당 정보

🏠	주소	전북 전주시 완산구 전주객사1길 46
☎	전화번호	063-232-2992
🕐	운영시간	08:30-19:00 ※ 매주 일요일 휴무
🧍	웨이팅 난이도	하
📋	주요 메뉴 및 가격	김밥 2,000원(추천), 손수제비 6,000원
✏️	김밥 사이즈	중간
🍙	속 재료	김, 밥, 깻잎, 단무지, 계란, 참치김치볶음
💬	매장 서비스	매장 식사 가능, 포장 가능
▶	방송 출연	없음

경아분식
QR로 보기

특별한 김치김밥을 맛볼 수 있는 전주의 숨은 김밥집이다. 이곳의 김치는 다른 곳과는 다른 특별한 비법이 숨어 있다. 고춧가루 양념으로 담은 묵은지가 아니라 양념 없이 숙성시킨 김치를 참치와 같이 볶아내 김밥에 넣는다. 전체적으로 새콤매콤한 맛으로 입맛을 돋우는 김밥이다. 달걀조차도 사장님의 비법이 숨어 있다. 달걀은 수분감이 많으면 쉽게 상하기 때문에 그냥 익히는 정도가 아니라 30분 이상 은은한 불에 구워서 사용한다고 한다.

 한줄꿀팁 조개를 듬뿍 넣어 만든 육수에 즉석에서 빚어 넣는 수제비는 필수!

고객 리뷰

- 새콤한 김치김밥과 수제비의 조합은 정말 추천해요. 바지락이 가득 들어가 국물의 시원함이 남달라요.
- 김밥도 맛있지만 한 끼 식사로 비빔밥 추천해요. 신선한 재료들을 듬뿍 넣어주는 혜자스러운 곳이에요.

맛집 정복 완료!

나의 별점
☆☆☆☆☆

스티커 or 스탬프

121 도원김밥

※ "고소하게 볶은 당근이 듬뿍" ※

식당 정보

주소	전북 완주군 봉동읍 낙평동서로 25 104호	
전화번호	063-262-6388	
운영시간	10:30-13:30 ※ 09:00-13:30 토요일 ※ 매주 일요일 휴무	
웨이팅 난이도	중	
주요 메뉴 및 가격	도원김밥 5,000원(추천), 매콤제육김밥 8,000원	
김밥 사이즈	큼	
속 재료	김, 흑미밥, 당근, 오이, 계란, 햄, 맛살, 우엉	
매장 서비스	포장 가능	
방송 출연	없음	

도원김밥 QR로 보기

전라북도 완주에서 유명한 김밥맛집이다. 2019년 식신에서 선정한 전국김밥맛지도에도 이름을 올려 더욱 유명해졌다. 당근을 듬뿍 넣어주는 것과 고소한 흑미밥을 사용하는 것으로 인기가 있는데, 충분히 볶아내어 부드럽게 씹히는 당근 맛과 고소한 향이 올라오는 밥맛이 먹음직스러운 김밥이다. 매콤제육김밥은 간이 세다는 평이 많아서 평소 간간하게 먹지 않는 분들은 기본 도원김밥을 먼저 맛보길 추천한다.

 한줄꿀팁 전주 에코시티점(송천동2가 1296)

고객 리뷰

💬 전주에서 유명한 오선모옛날김밥이 아삭한 당근의 식감이라면, 이곳은 부드러운 식감이 특징인 곳이에요.

나의 별점
☆☆☆☆☆

맛집 정복 완료!

스티커 or 스탬프

122 처갓집김밥

"1세대 꼬마김밥의 달인이 말아주는 개운한 멸치고추김밥"

식당 정보

- **주소**: 전북 익산시 중앙로 3-1
- **전화번호**: 063-842-2513
- **운영시간**: 09:00-21:00
- **웨이팅 난이도**: 중
- **주요 메뉴 및 가격**: 멸치고추김밥 4,500원(추천), 꼬마오총사 7,000원
- **김밥 사이즈**: 작음
- **속 재료**: 김, 밥, 깻잎, 청양고추, 멸치볶음
- **매장 서비스**: 매장 식사 가능, 포장 가능
- **방송 출연**: 생활의달인 691회(19.10.17 꼬마김밥)

처갓집김밥 QR로 보기

익산역 바로 길 건너에 위치한 작은 김밥집이다. 꼬마김밥만 30년째 만드는 꼬마김밥의 달인의 거처로 다양한 종류의 꼬마김밥을 맛볼 수 있다. 모둠김밥인 꼬마오총사를 시키면 5가지 김밥 맛을 볼 수 있다. 스팸, 치즈, 꼬마, 김치, 멸치고추까지 사실 맛은 평범했지만, 1세대 꼬마김밥의 달인 할머니가 만들어줘서 의미 있는 맛이다. 특히 남해에서 공수한 멸치로 만든 멸치고추김밥은 멸치의 비린 맛 없이 청양고추의 깔끔한 매운맛이 살아 있어 좋다.

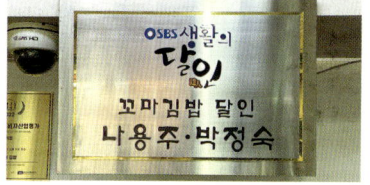

 한줄꿀팁 멸치국수는 선택이 아니라 필수

고객 리뷰

- 김밥 맛은 평범하지만, 멸치국수는 꼭 드셔보세요. 남해 멸치로 끓여내 깊은 맛이 나요.
- 익산역 바로 앞에 위치해 있어서 찾아가기 좋아요.

나의 별점
☆☆☆☆☆

맛집 정복 완료!

스티커 or 스탬프

123 옛날김밥

※ "3대째 김 대신 부침개를 둘러주는 전통" ※

식당 정보

주소	전북 정읍시 새암길 7
전화번호	063-538-0400
운영시간	06:00-22:00 ※ 매주 일요일 휴무
웨이팅 난이도	하
주요 메뉴 및 가격	부침개김밥 5,500원(추천)
김밥 사이즈	큼
속 재료	부침개, 밥, 깻잎, 당근, 햄, 오이, 계란, 단무지, 마요네즈
매장 서비스	매장 식사 가능, 포장 가능
방송 출연	생활의달인 678회(19.07.08 부침개김밥)

옛날김밥 QR로 보기

전국 어디에서도 볼 수 없는 독특한 부침개김밥이 있는 곳. 3대째 이어 내려오고 있는 전통 있는 김밥집이다. 김 대신 부침개로 말려 있는 것이 특징인데, 노릇하게 구워낸 부침개 덕분에 참기름을 바르지 않았는데도 고소한 냄새가 먹음직스럽다. 부침개는 부추보다 반죽 양이 많아 조금 느끼한 편이라 다른 음식과 곁들여 먹기를 추천한다. 고소하면서 쫀득한 식감이 매력적이다.

 한줄꿀팁 간장이나 떡볶이를 주문해서 찍어 먹기를 추천!

고객 리뷰

이곳에서만 먹을 수 있는 부침개김밥! 독특한 김밥이지만 먹다 보면 조금 심심할 수 있어서 떡볶이와의 조합을 추천드려요. 통통한 가래떡으로 만든 떡볶이도 별미!

맛집 정복 완료!

나의 별점
☆☆☆☆☆

스티커 or 스탬프

바다김밥

※ "한 시간 기다림 끝에 맛본 '갓' 김밥" ※

식당 정보

- **주소**: 전남 여수시 통제영5길 10-4
- **전화번호**: 061-664-9734
- **운영시간**: 08:00-20:00
- **웨이팅 난이도**: 상
- **주요 메뉴 및 가격**: 갓김치참치김밥 4,000원(추천), 모둠김밥(25개) 19,000원
- **김밥 사이즈**: 작음
- **속 재료**: 김, 밥, 갓김치, 참치, 마요네즈
- **매장 서비스**: 포장 가능
- **방송 출연**: 없음

바다김밥 QR로 보기

여수맛집을 추천받으면 꼭 빠지지 않고 등장하는 곳인 바다김밥은 여수 특산물 갓김치를 활용해 만든 김밥으로 인기 있는 곳이다. 현재는 전화예약도 가능해 조금 더 수월하게 구매할 수 있지만, 예전에는 긴 웨이팅으로 1시간 이상은 대기가 필수였다. 큰 상자에 여러 가지 맛의 김밥을 담아주는 모둠김밥이 시그니처 메뉴인데, 계란김밥, 갓김치참치김밥, 중화어묵김밥, 아귀채김밥, 유부김밥 총 5종류로 5개씩 들어가 있다. 그 중에서도 갓김치참치김밥이 제일 맛이 있었는데, 고소한 참치마요에 새콤한 갓김치의 감칠맛이 어우러져 좋았다.

 한줄꿀팁   다양한 종류의 김밥을 맛보고 싶다면 모둠김밥 추천!

고객 리뷰

- 여수에 가면 꼭 먹어야 하는 음식 중 하나! 여수갓김치가 들어간 갓김치김밥은 꼭 먹어보세요. 익숙한 맛이지만 중독성 최고예요.
- 이제 전화예약도 가능하니, 방문 1시간 전 전화예약은 필수.

나의 별점
☆☆☆☆☆

맛집 정복 완료!

스티커 or 스탬프

빅마마김밥

✳ "부안에 가면 꼭 먹어야 한다" ✳

식당 정보

주소	전북 부안군 부안읍 수정길 9
전화번호	063-584-6698
운영시간	11:00-20:30 ※ 14:00-16:00 브레이크타임 ※ 매주 일요일 휴무
웨이팅 난이도	하
주요 메뉴 및 가격	엉터리김밥 3,500원(추천)
김밥 사이즈	중간
속 재료	김, 밥, 단무지, 계란, 볶음김치, 마요네즈
매장 서비스	매장 식사 가능, 포장 가능
방송 출연	없음

빅마마김밥 QR로 보기

부안의 숨은 맛집! 엉터리김밥이라는 독특한 이름을 가진 것으로 유명하다. 현지인들도 줄 서서 먹는 곳으로 주말에는 꼭 전화로 주문하고 가야 한다. 엉터리김밥에 들어가는 재료는 단무지, 달걀, 볶음김치 총 세 가지로 단출한데, 먹고 돌아서면 자꾸 생각나는 묘한 중독성이 있다. 마요네즈가 들어가 부드럽게 감싸주며 조화로운 맛이 특징이다. 김치가 들어가 있어 개운한 맛도 좋아 자꾸 손이 가는 김밥!

한줄꿀팁 돈가스와 오므라이스도 맛있기로 유명

고객 리뷰

엉터리김밥도 맛있지만, 돈가스도 추천해요. 매운돈까스와 엉터리김밥 조합은 꼭 먹어보세요.

나의 별점
☆☆☆☆☆

맛집 정복 완료!

스티커 or 스탬프

제주도

제주도

제주시 참맛나김밥 • 310p
제주시 김정자김밥 • 312p
제주시 다가미김밥 • 314p
제주시 가시어멍김밥 • 316p
제주시 이순신김밥 • 318p
제주시 남춘식당 • 320p
서귀포시 오는정김밥 • 322p
서귀포시 다정이네 올레시장 본점 • 324p
서귀포시 분식후경 • 326p
서귀포시 한라네김밥 • 328p
서귀포시 복음이네김밥만두 • 330p

참맛나김밥

"365일 시원한 열무국수와 얼큰한 멸추김밥"

식당 정보

- 주소: 제주 제주시 한라대학로 31
- 전화번호: 064-748-2654
- 운영시간: 09:00-17:30 ※ 매주 수요일 휴무
- 웨이팅 난이도: 중
- 주요 메뉴 및 가격: 멸추김밥 5,000원(추천), 열무국수 9,000원
- 김밥 사이즈: 작음
- 속 재료: 김, 밥, 어묵, 맛살, 단무지, 계란, 부추, 당근, 멸치볶음, 고추장아찌, 유부
- 매장 서비스: 매장 식사 가능, 포장 가능
- 방송 출연: 없음

참맛나김밥 QR로 보기

제주도민이 사랑하는 김밥집. 새콤달콤한 열무국수와 얼큰한 고추장아찌가 들어가는 멸추김밥이 가장 유명하다. 이곳에는 특이하게 경양식집에서 나 볼 법한 수프를 먹을 수 있도록 준비해놔 식전에 속을 달래기 좋다. 365일 얼음을 동동 띄어주는 열무국수는 새콤달콤한 감칠맛이 가득해 입맛을 돋우기에 충분하다. 아삭거리는 열무김치의 식감도 좋다. 멸추김밥은 멸치볶음과 얼큰한 고추장아찌가 들어가는데 고추의 크기가 크진 않지만 엄청난 맵기를 자랑한다(엽떡 매운맛과 맵기가 비슷). 마요네즈가 셀프코너에 비치되어 있어 살짝 찍어 먹으면 매운맛이 조금은 중화된다.

 한줄꿀팁 셀프코너에 있는 어묵볶음이 정말 맛있음. 김밥 위에 올려 먹으면 꿀맛!

고객 리뷰

- 셀프바에 수프가 준비되어 있는데 멸추김밥을 먹기 전 속을 달래는 용도로 추천해요. 멸추김밥 생각보다 엄청 매워요!
- 쌀쌀한 겨울에는 수제비와 함께 먹어보는 것도 추천드려요.

맛집 정복 완료!

나의 별점
☆☆☆☆☆

스티커 or 스탬프

김정자김밥

✱ "제주도민 사이에서는 '오는정김밥'보다 유명하다" ✱

식당 정보

- 🏠 **주소**: 제주 제주시 신산로 53 1층
- ☎ **전화번호**: 064-752-5459
- 🕐 **운영시간**: 06:00-18:00
  ※ 15:30-17:00 브레이크타임 ※ 매주 월요일 휴무
- 👥 **웨이팅 난이도**: 중
- 📋 **주요 메뉴 및 가격**: 매콤소세지김밥 4,500원(추천), 매콤어묵김밥 4,000원
- ✏ **김밥 사이즈**: 중간
- 🥘 **속 재료**: 김, 밥, 깻잎, 소시지, 매운소스, 마요네즈, 당근, 단무지, 계란, 튀긴 맛살, 우엉
- 💬 **매장 서비스**: 포장 가능
- ▶ **방송 출연**: 없음

사장님의 이름 세 글자 걸고 정성스럽게 말아낸 김밥을 판매하는 곳이다. 제주공항 근처에 있어 제주로 들어올 때나 나갈 때 편하게 사서 먹을 수 있는 곳이기도 하다. 제주도민들이 애정하는 김밥집으로 유명하다고 한다. 다소 평범해 보이는 비주얼이지만, 기본만큼은 확실하게 지킨 집이라는 생각이 드는 곳이다. 특히 매콤소세지김밥이 탱글탱글 터지는 소시지에 매콤달콤한 양념이 추가되어 아주 맛있었다. 마치 양념치킨을 김밥으로 만들어 먹는 듯한 맛이라고 할까.

 한줄꿀팁 미리 전화주문 필수

고객 리뷰

- 제주공항 근처에 있어서 다른 곳으로 이동할 때 차 안에서 간편하게 먹기 좋아요.
- 제주살이 10년 차예요. 모든 메뉴를 정성 가득하게 말아주시는데 특별한 김밥을 드셔보고 싶다면 매콤한 특제소스가 들어가는 매운소세지김밥 추천해요.

맛집 정복 완료!

나의 별점

☆☆☆☆☆

스티커 or 스탬프

다가미

"제주에서 크기로는 단연 1등"

식당 정보

주소	제주 제주시 도남로 111
전화번호	064-758-5810
운영시간	07:00-15:00 ※ 매주 일요일 휴무
웨이팅 난이도	중
주요 메뉴 및 가격	화우쌈김밥 6,500원(추천), 다가미김밥 3,000원, 매운멸치쌈김밥 5,500원
김밥 사이즈	큼
속 재료	김, 밥, 깻잎, 오이, 당근, 어묵, 계란, 마늘, 고추, 쌈장, 돼지떡갈비
매장 서비스	포장 가능
방송 출연	없음

다가미 QR로 보기

제주도 3대 김밥 중 한 곳으로 크기 하나로는 제주에서 이길 자가 없을 것 같다. 크기가 너무 큰 나머지 절대 젓가락으로는 먹을 수 없어 비닐장갑을 끼고 하나씩 베어 먹어야 한다. 그중에서도 신선한 야채와 참치가 가득 들어가는 참치로얄김밥과 압도적인 크기를 자랑하는 화우쌈김밥은 이 집의 시그니처 메뉴다. 특히 화우쌈김밥은 떡갈비와 쌈장, 고추, 마늘이 들어가 마치 쌈밥을 먹는 듯한 기분을 느낄 수 있다.

 한줄꿀팁 턱관절 운동 후 먹기를 추천(김밥이 너무 커서 턱에 무리가 갈 수 있음)

고객 리뷰

- 손바닥 크기만 한 김밥. 한입에 넣기 힘들 정도로 정말 커요.
- 단호박 샌드위치도 이곳의 시그니처! 달콤한 단호박 무스가 듬뿍 들어가서 부드러운 맛이에요.

나의 별점
☆☆☆☆☆

맛집 정복 완료!

스티커 or 스탬프

가시어멍김밥

※ "지단이 듬뿍 들어가 깔끔하고 담백한 김밥" ※

식당 정보

주소	제주 제주시 월랑로 36 1층
전화번호	064-747-6316
운영시간	07:00-21:00
웨이팅 난이도	하
주요 메뉴 및 가격	가시어멍김밥 3,900원(추천), 땡초멸치김밥 4,800원
김밥 사이즈	큼
속 재료	김, 밥, 맛살, 당근, 시금치, 햄, 우엉, 계란
매장 서비스	매장 식사 가능, 포장 가능, 배달 가능
방송 출연	다수출연

가시어멍김밥 QR로 보기

가시어멍은 제주도 방언으로 장모라는 뜻인데, 실제로 먹어보니 장모의 마음으로 아낌없이 재료를 넣어 말아주는 뜻이 아닐까 하는 생각이 들었다. 아낌없는 장모의 마음이 두툼하고 묵직한 김밥으로 탄생했다. 달걀지단이 듬뿍 들어가 고소하고 담백한 맛이 정말 좋다. 민물 새우튀김을 매콤달콤한 떡볶이 소스에 버무려 먹는 새우깡 떡볶이도 일품이니 함께 먹는 것을 추천한다.

한줄꿀팁 이곳의 시그니처는 새우깡김밥. 바삭한 민물새우튀김이 들어간 김밥도 한번 먹어보길 추천!

고객 리뷰

- 민물새우튀김이 듬뿍 올라가는 새우깡 떡볶이도 꼭 먹어야 하는 메뉴 중 하나!
- 재료 하나하나에 정성이 듬뿍 들어가서 믿고 먹는 곳이에요.

나의 별점
☆☆☆☆☆

맛집 정복 완료!

스티커 or 스탬프

이순신김밥

※ "제주에서만 먹을 수 있는 딱새우김밥과 흑돼지불고기김밥" ※

식당 정보

이순신김밥 QR로 보기

🏠	주소	제주 제주시 애월읍 애월해안로 482-1 1층
☎	전화번호	064-799-5595
🕐	운영시간	05:00-17:00 ※ 05:00-14:00 화요일 ※ 매주 수요일 휴무
👥	웨이팅 난이도	상
📋	주요 메뉴 및 가격	딱새우튀김김밥 10,000원 (추천), 흑돼지불고기김밥 10,000원
✏️	김밥 사이즈	큼
🍱	속 재료	김, 밥, 계란, 당근, 적양배추, 단무지, 상추, 딱새우튀김, 파프리카, 오이, 양파
💬	매장 서비스	매장 식사 가능, 포장 가능
▶️	방송 출연	없음

애월해안도로에 위치한 곳으로 크기가 엄청 커서 몽둥이김밥으로도 불린다. 제주 하면 떠오르는 딱새우와 흑돼지를 넣은 김밥으로 제주도로 여행 갈 때 먹어보기 좋다. 흑돼지는 짭조름한 간장에 졸여내 육향이 진하게 올라오는 불고기 김밥 맛이고, 딱새우는 도톰한 새우살에 반죽을 입혀 노릇하게 튀겨냈는데 마요소스와 어우러져 고소한 바다 맛이 특징이다. 한입에 제주의 바다와 육지를 동시에 느낄 수 있는 곳으로 애월에 여행일정이 있다면 아침식사로 추천한다.

 한줄꿀팁 도착 1시간 전 전화주문 필수

고객 리뷰

- 제주도에서 유명한 흑돼지와 딱새우를 넣은 김밥이 있는 곳! 꼭 먹어봐야 하지 않겠어요?
- 크기가 거의 손바닥만 해서 젓가락으로 먹기가 어려워요. 꼭 비닐장갑을 끼고 드시길 추천드려요!(비닐장갑은 매장에 비치되어 있어요)

나의 별점
☆☆☆☆☆

맛집 정복 완료!

스티커 or 스탬프

남춘식당

131

※ "한번 먹어본 사람은 잊지 못한다는 유부고기 김밥" ※

식당 정보

- 주소: 제주 제주시 청귤로 12
- 전화번호: 064-702-2588
- 운영시간: 11:00-16:30 ※ 매주 일요일 휴무
- 웨이팅 난이도: 상
- 주요 메뉴 및 가격: 김밥 4,000원(추천), 고기국수 8,500원
- 김밥 사이즈: 중간
- 속 재료: 김, 밥, 유부, 고기, 당근, 시금치
- 매장 서비스: 매장 식사 가능, 포장 가능, 배달 가능
- 방송 출연: 없음

남춘식당
QR로 보기

제주도민들이 찾던 로컬맛집이 이제는 유명해져서 점심시간에 방문하면 적어도 한 시간 이상은 대기해야 하는 곳이 되었다. 고기국수와 유부김밥으로 제일 유명한데, 특히 이곳 유부김밥은 한 번 먹어본 사람은 잊지 못한다는 전설을 가지고 있다. 찰기 있는 밥에 다진 유부와 고기, 당근, 부추 4가지가 들어가 있고 새콤하고 달고 짠맛이 조화롭게 어우러진다. 입에 착하고 달라붙는 마성의 김밥이다.

한줄꿀팁 포장시 웨이팅 없이 바로 주문 가능

고객 리뷰

- 여름 한정 메뉴인 콩국수도 꼭 먹어보세요! 진한 콩물로 만들어 엄청 고소해요.
- 여긴 쫀득쫀득한 수제비가 끝내줍니다. 2인분부터 주문할 수 있어요!

나의 별점
☆☆☆☆☆

맛집 정복 완료!
스티커 or 스탬프

오는정김밥

※ "예약조차 어렵다는 제주에서 제일 유명한 집" ※

식당 정보

주소	제주 서귀포시 동문동로 2
전화번호	064-762-8927
운영시간	10:00-20:00
	※ 13:30-14:30 브레이크타임 ※ 매주 일요일 휴무
웨이팅 난이도	상
주요 메뉴 및 가격	오는정김밥 3,500원(추천)
김밥 사이즈	작음
속 재료	김, 밥(유부,햄튀김), 계란, 단무지, 맛살, 부추, 당근
매장 서비스	포장 가능
방송 출연	다수

제주도 여행을 다녀온 사람이라면 한 번쯤은 들어봤을 법한 그 이름, 바로 오는정김밥이다. 인터넷상에서 레시피가 떠돌아 다닐 정도로 이곳의 밥 양념은 굉장히 독특한데, 잘 지은 밥에 튀긴 유부와 햄을 넣고 양념을 한다. 유부와 햄 튀김이 바삭하게 씹히면서 고소함이 입안 가득 퍼지는 독특한 매력이 있다(단, 갓 나온 김밥을 먹었을 때만 느낄 수 있다). 아직 한 번도 방문하지 못했다면 강력 추천한다.

 한줄꿀팁   전화예약과 방문예약 둘 다 가능

고객 리뷰

💬 너무나도 유명한 제주도 김밥집. 갓 나왔을 때 바로 먹어야 맛있는 김밥이에요.
💬 이건 꿀팁인데, 평일 기준 마감 시간 되기 1시간 정도 전에 가면 바로 김밥 구매가 가능해요(늘 그렇지는 않음).

나의 별점
☆☆☆☆☆

맛집 정복 완료!

스티커 or 스탬프

다정이네 올레시장 본점

"전국에서 멸치김밥 제일 맛있는 집"

식당 정보

🏠	주소	제주 서귀포시 동문로 59-1
☎	전화번호	070-8900-8070
🕐	운영시간	08:00-20:00 ※ 15:00-16:00 브레이크타임
		※ 07:30-20:00 토요일,일요일 ※ 매주 월요일 휴무
👥	웨이팅 난이도	상
📋	주요 메뉴 및 가격	매운멸치고추김밥 4,500원(추천), 매운김밥 4,000원, 다정이네김밥 3,500원
✏	김밥 사이즈	중간
🍱	속 재료	김, 밥, 어묵, 당근, 햄, 단무지, 계란, 멸치볶음
💬	매장 서비스	포장 가능
▶	방송 출연	다수

다정이네 올레시장 본점
QR로 보기

이곳에 가면 무조건 매운멸치고추김밥부터 외쳐야 한다. 오는정김밥과 함께 제주 3대 김밥 맛집으로 거론되는 곳으로 제주도에 2개 지점을 운영 중이다. 이곳은 부드럽고 고소한 지단을 듬뿍 넣어주는 곳으로 유명한데, 특히 매운멸치고추김밥은 지단의 고소한 풍미를 더욱 느낄 수 있어 가장 추천한다. 매콤달콤하게 양념한 멸치볶음과 청양고추에서 나오는 알싸한 매운맛이 훅치고 올라올 때 바로 달걀이 나타나 부드럽게 감싸주는 조화로운 맛이다.

 한줄꿀팁 주차는 서귀포 올레시장 주차장 이용 (30분 무료주차)

고객 리뷰

- 포슬포슬한 지단이 가득해요. 부드럽고 고소한 달걀 맛이 매력적인 제주도 김밥집이에요.
- 매운멸치고추김밥 진짜 최고예요. 매콤달콤한 멸치볶음을 부드러운 달걀이 감싸주어 조화로워요.

나의 별점
☆☆☆☆☆

맛집 정복 완료!

스티커 or 스탬프

분식후경

※ "향긋한 미나리가 듬뿍" ※

식당 정보

주소	제주 서귀포시 성산읍 온평포구로62번길 22-1
전화번호	064-782-2888
운영시간	11:00-20:00
	※ 15:00-17:00 브레이크타임 ※ 매주 수요일, 목요일 휴무
웨이팅 난이도	중
주요 메뉴 및 가격	미나리김밥 4,500원(추천), 부추김밥 4,500원
김밥 사이즈	중간
속 재료	김, 흑미밥, 계란, 당근, 미나리
매장 서비스	매장 식사 가능, 포장 가능
방송 출연	없음

제주도 여행 일정에 성산일출봉이 계획에 있다면, 이 분식집은 꼭 리스트에 넣어보길 추천한다. 햄과 단무지 같은 가공재료가 일절 들어가지 않고 3가지 재료로만 맛을 낸 김밥이다. 오독오독 씹히는 흑미밥에 폭신한 지단과 마늘 기름에 볶아낸 당근, 미나리가 푸짐하게 들어간다. 입안 가득 향긋하게 퍼지는 미나리 향이 과하지 않고 은은하게 코끝에서 맴돈다. 달걀과 당근은 부드럽고 미나리는 아삭해서 식감도 재밌는 김밥이다.

한줄꿀팁 통통한 가래떡으로 만든 떡볶이도 정말 맛있다고 하니, 같이 먹어보기를 추천!

고객 리뷰

- 미나리를 못 드시는 분들은 담백한 부추김밥을 추천해요.
- 버터를 녹여서 먹는 식후경 떡볶이도 꼭 먹어보세요.

나의 별점
☆☆☆☆☆

맛집 정복 완료!

스티커 or 스탬프

135
한라네김밥

✶ "멸치고추김밥에 무짠지 올려 먹어본 사람?" ✶

식당 정보

- 🏠 **주소** : 제주 서귀포시 일주동로 8697
- ☎ **전화번호** : 064-763-7360
- 🕐 **운영시간** : 06:30-16:00 ※ 06:00-14:00 토요일, 일요일 ※ 매주 화요일 휴무
- **웨이팅 난이도** : 중
- **주요 메뉴 및 가격** : 멸치고추김밥 4,500원(추천), 한라네김밥 3,500원, 오징어채김밥 4,500원
- **김밥 사이즈** : 중간
- **속 재료** : 김, 밥, 어묵, 계란, 단무지, 햄, 부추, 당근, 우엉, 맛살, 멸치볶음, 청양고추
- **매장 서비스** : 포장 가능
- **방송 출연** : 없음

한라네김밥 QR로 보기

서귀포 근처에는 제주도 3대 김밥으로 유명한 '오는정김밥'과 '다정이네김밥'이 있는데, 이 두 김밥집의 명성에 가려져 널리 알려지지 못한 숨은 맛집이다. 이곳에서는 김밥을 두 줄 이상 주문하면 주는 매콤달콤하면서도 아삭한 무짠지가 특별하다. 김밥 맛은 특별할 게 없지만, 아삭아삭한 무짠지를 김밥 위에 살짝 올려 먹으면 오로지 제주에서만 먹을 수 있는 김밥 완성이다.

 한줄꿀팁 2줄을 시키면 무짠지가 서비스로 하나 나가지만, 먹다 보면 부족해서 하나 더 구매하기를 추천!

고객 리뷰

- 김밥 맛이 특별하진 않지만 매콤달콤 아삭한 무짠지가 진짜 예술이에요. 무조건 추가하세요!
- 제주에 오는정김밥만 유명한 줄 알았는데 여기도 너무 맛있어요.

나의 별점
☆☆☆☆☆

맛집 정복 완료!

스티커 or 스탬프

136 복음이네김밥만두

※ "제주에서 먹는 엄마표 김밥" ※

식당 정보

주소	제주 서귀포시 김정문화로 64
전화번호	064-738-0805
운영시간	08:00-17:00 ※ 08:00-14:00 토요일 ※ 매주 일요일 휴무
웨이팅 난이도	중
주요 메뉴 및 가격	복음이네김밥 3,500원(추천)
김밥 사이즈	중간
속 재료	김, 밥, 어묵, 계란, 햄, 튀긴 맛살, 단무지, 우엉, 부추, 당근
매장 서비스	포장 가능, 배달 가능
방송 출연	없음

복음이네김밥만두 QR로 보기

평범한 재료들로 말아낸 김밥이지만, 한 입 먹어보았을 때 어딘가 모르게 어렸을 적 추억이 떠오르는 고소한 엄마표 김밥이다. 고소한 참기름 냄새가 향긋하게 올라와 먹기도 전에 침샘이 폭발하니 주의해야 한다. 김밥 크기도 작고 썰어낸 두께도 얇아 하나씩 먹다 보면 어딘가 모르게 부족한 기분이 드는데 그럴 땐 두 개씩 집어 매콤달콤한 무짠지 하나 올려 먹으면 그 맛이 최고다.

 한줄꿀팁 김밥 두 줄 이상 구매시 무짠지 제공

고객 리뷰

- 매장에서 직접 빚은 만두도 꼭 먹어보세요. 멸추김밥과 고기만두 조합이나 치즈김밥에 김치만두 조합 추천드려요.
- 쫀득한 쌀떡을 넣어 만든 떡볶이도 매콤하니 맛있어요.

나의 별점
☆☆☆☆☆

맛집 정복 완료!

스티커 or 스탬프

죽기 전에 꼭 먹어봐야 할 김밥 맛집 136
전국김밥일주

초판 1쇄 발행	2023년 4월 25일
초판 2쇄 발행	2023년 5월 4일
지은이	정다현(김밥큐레이터)
펴낸이	신민식
펴낸곳	가디언
출판등록	제2010-000113호
주소	서울시 마포구 토정로 222 한국출판콘텐츠센터 306호
전화	02-332-4103
팩스	02-332-4111
이메일	gadian@gadianbooks.com
홈페이지	www.sirubooks.com
편집	최은정 디자인 이세영
마케팅 팀장	이수정 온라인 마케팅 권예주
종이	월드페이퍼(주)
인쇄 제본	㈜상지사
ISBN	979-11-6778-078-2(13980)

* 책값은 뒤표지에 적혀 있습니다.
* 잘못 만들어진 책은 구입하신 서점에서 바꾸어 드립니다.
* 이 책의 전부 또는 일부 내용을 재사용하려면 사전에 가디언의 동의를 받아야 합니다.